KB211088

Vietnam's Christians

A Century of Growth in Adversity

베트남의
그리스도인

Vietnam's Christians : A Century of Growth in Adversity
by Reg Reimer

Published by William Carey Library
www.missionbooks.org

예수를 따르는
베트남의 그리스도인,
역경 가운데 놀랍게 성장하는 베트남 교회 이야기

2판 1쇄 2014년 8월 30일

지은이 ㅣ 렉 레이머
옮긴이 ㅣ 영 김

발행인 ㅣ 최태희
디자인 • 편집 ㅣ 권승린

발행처 ㅣ 로뎀북스
등록 ㅣ 2012년 6월 13일 (제331-2012-000007호)
주소 ㅣ 부산광역시 남구 황령대로 319번가길 190-6, 101-2102
전화 • 팩스 ㅣ 051-467-8983
이메일 ㅣ rodembooks@naver.com
가격 ㅣ 12,000원

ISBN ㅣ 978-89-98012-10-6 03230

「이 도서의 국립중앙도서관 출판예정도서목록(CIP)은 서지정보유통지원시스템 홈페이지(http://seoji.nl.go.kr)와 국가자료공동목록시스템(http://www.nl.go.kr/kolisnet)에서 이용하실 수 있습니다.(CIP제어번호: CIP2014017951)」

역경 가운데 놀랍게 성장하는 베트남 교회 이야기

예수를 따르는

베트남의 그리스도인

렉 레이머 · 지음
영 김 · 옮김

RODEMBOOKS omf

omf 1865년 **허드슨 테일러**가 창설한 **중국 내지선교회**(**CIM**: China Inland Mission)는 1951년 중국 공산화로 인해 철수하면서 동아시아로 선교지를 확장하고 1964년 명칭을 **OMF**(Overseas Missionary Fellowship) INTERNATIONAL로 바꿨다. **OMF**는 초교파 국제선교단체로 불교, 이슬람, 애니미즘, 샤머니즘 등이 가득한 동아시아에서 각 지역 교회, 복음적인 기독 단체와 연합하여 모든 문화와 종족을 대상으로 예수 그리스도가 구세주이심을 선포하고 있다. 세계 30개국에서 파송된 1,300여명의 **OMF** 선교사들이 동아시아 18개국의 신속한 복음화를 위해 사역 중이다.

OMF 사명 | 동아시아의 신속한 복음화를 통해 하나님을 영화롭게 하는 것이다.

OMF 목표 | 하나님의 은혜를 통하여 동아시아의 모든 종족 가운데 성경적 토착교회를 설립하고, 자기종족을 전도하며 타종족의 복음화를 위해 파송되는 것을 목표로 한다.

OMF 사역중점 |

우리는 미전도 종족을 찾아간다.
우리는 소외된 사람들에게 관심을 갖는다.
우리는 복음을 전하는 일에 주력한다.
우리는 현지 지역교회와 더불어 일한다.
우리는 국제적인 팀을 이루어 사역한다.

OMF INTERNATIONAL-KOREA

한국본부 • 137-828

서울시 서초구 방배본동 763-32 호언빌딩 2층
전화 • 02-455-0261,0271/
팩스 • 02-455-0278
홈페이지 • www.omf.or.kr/
이메일 • kr.com@omfmail.com/
kr.family@omfmail.com

그들은 믿음으로 나라들을 이기기도 하며
의를 행하기도 하며 약속을 받기도 하며
사자들의 입을 막기도 하며 불의 세력을 멸하기도 하며
칼날을 피하기도 하며 연약한 가운데서 강하게 되기도 하며
전쟁에 용감하게 되어 이방 사람들의 진을 물리치기도 하며
여자들은 자기의 죽은 자들을 부활로 받아들이기도 하며
또 어떤 이들은 더 좋은 부활을 얻고자 하여
심한 고문을 받되 구차히 풀려나기를 원하지 아니하였으며
또 어떤 이들은 조롱과 채찍질뿐 아니라
결박과 옥에 갇히는 시련도 받았으며
돌로 치는 것과 톱으로 켜는 것과 시험과 칼로 죽임을 당하고
양과 염소의 가죽을 입고 유리하여 궁핍과 환난과 학대를 받았으니
(이런 사람은 세상이 감당하지 못하느니라)
그들이 광야와 산과 동굴과 토굴에 유리하였느니라
이 사람들은 다 믿음으로 말미암아 증거를 받았으나
약속된 것을 받지 못하였으니
이는 하나님이 우리를 위하여 더 좋은 것을 예비하셨은즉
우리가 아니면 그들로 온전함을 이루지 못하게 하려 하심이라

히브리서 11: 33~40

1930년대 베트남 교회의 모습

차례 Contents

 북부 베트남 박하, 플라워 흐몽 마을

CHAPTER

부록 Supplements **184**

추천의 글

☙ 선교 역사에는 우리를 숙연하게 하는 감동이 있습니다. 베트남 선교의 역사가 이렇게 간략하게 정리되었는데도 오히려 큰 감동으로 다가오는 것은 그 주인공들의 이야기 때문입니다. 베트남을 사랑하는 모든 사람들이 읽으면 좋겠습니다. 아니 진정한 선교를 배우기 원하는 모든 이들이 읽으면 좋겠습니다.

문상철 (한국선교연구원/KRIM원장)

☙ 베트남이 변하고 있습니다. 베트남 교회도 변하고 있습니다. 2011년 베트남 개신교 선교 100주년 기념 대회때 총회장이 설교했습니다. 정부 관리도 앉아 지켜보는 가운데 1975년 공산화 이후 베트남 교회가 많은 어려움을 겪었음을 지적해 참석자들이 긴장했는데 예배 후에 정부 관리들도 있는데 왜 그런 위험한 말씀을 했느냐고 물었더니 "내가 해야 할 말을 했소. 내가 총회장이요."라고 해서 사람들이 기뻐하고 감동했다고 합니다.

베트남 선교의 지평이 더 열려가는 듯 보이는 시기에 베트남 교회의 역사를 정리한 책이 출판된 것은 매우 중요하고 뜻 깊은 일입니다. 지나온 역사를 통해 오늘과 내일의 선교사역을 바로 생각하고 수행하는데 큰 도움이 되리라 확신하면서 많은 분들이 읽도록 추천합니다.

서정운 (전 장신대 총장)

☙ 나에게는 베트남은 월남이라는 말로 더 친숙한 나라다. 베트남에 대해서 처음 알게 된 것은 1968년 아버지가 돈 벌러 가셨던 나라였기 때문이다. 그 후로 베트남에 대해서 많은 생각을 하지는 못했다. 2012년이 되어서야 비로소 월남의 수도였던 싸이공, 지금은 호치민시로 명명하고 있는 곳을 방문할 때까지만 해도 공산국가 가운데 개방을 위해서 애쓰는 나라 정도로만 생각하고 있었다. 며칠 전 로뎀 출판사로부터 베트남 교회의 이야기를 읽고 추천서를 부탁받을 때까지도 그 생각에서 별로 벗어나지 않았다. 하지만 그 기간 동안 그곳에 하나님의 교회가 어떤 일을 겪고 있는지 몰랐다. 베트남 교회의 역사를 그린 이 책은 그야말로 감동이다.

지난 100년 동안 베트남 안에서 일어난 개신교 선교의 역사 속에서 고난 속에서 피어난 부흥들을 볼 수 있었다. 하나님의 나라는 성도들의 순교와 고난 속에서 언제나 꽃을 피웠다. 수많은 사람들이 예수 그리스도를 믿는 이유 때문에 죽었고 고통을 당한 이야기는 그저 허무한 이야기로 막을 내리지 않았다. 더욱이 공산화가 이루어진 75년부터 문호를 개방하기 시작한 85년까지의 혹독한 기독교 핍박의 기간에 오히려 교회는 더욱 성장하고 있었다.

정확한 자료들을 바탕으로 베트남 교회가 어떻게 성장했는가를 서술하는 부분도 도움이 많이 되지만 그 쓰라린 역사 속에 나오는 많은 이야기들이 책을 읽는 동안 우리의 가슴을 뛰게 만든다. 그리고 그 동안 우리는 어떻게 신앙생활을 하고 있었는가를 다시 생각하게 해준다. 특히 뉴스위크지 커버에 실렸던 울며 거리를 헤매던 한 여자 아이의 사진 속에 나오는 주인공이 이제 주님을 믿은 일이나 몇 사람들의 구체적인 간증은 그 이야기가 독자들로부터 멀리 떨어진 이야기가 아닌 것임을 잘 알려줄 것이다.

한국 교회가 그 어느 때보다도 베트남의 선교에 관심을 갖는 시점에서 이 책이야말로 한국 교회에 가장 필요한 책이라고 생각된다. 베트남 선교에 관심을 갖는 분들은 물론이고 일반적으로 하나님의 역사에 관심이 있는 모든 성도들은 반드시 읽어야 할 책이라고 생각한다. 그 이유는 이 책이 베트남 성도의 이야기를 넘어서 우리의 옷깃을 다시 여미게 하는 내용이기 때문이다.

손창남 (OMF 동원 담당)

ꟹ 베트남의 선교역사는 한국교회의 선교역사와 유사한 점이 많다. 특히 교회가 고난을 받고 많은 순교자를 낸 면에서 그렇다. 그럼에도 불구하고 복음의 확산은 중단되지 않았다. 고난 받는 중에도, 심지어는 전쟁 중에도 선교는 중단된 적이 없다는 점을 이 책을 통해 잘 알

수 있다. 이런 복음의 성격에 대해서, 베트남 교회의 고난 중 성장에 대해서, 세계교회와 한국교회가 알아야 되는데 이 책은 그런 역할을 잘 할 수 있다. 특히 정치 경제 및 사회적으로 새로운 개방의 계기를 맞이하는 현시점에서 더더욱 그렇다. 이미 오래 전부터 한국 선교사들은 이 나라에서 자신의 삶을 쏟아왔고, 앞으로 더욱 더 활발하게 이 땅에 하나님의 선교가 전개될 때 이 책은 베트남 교회와 선교현실을 이해하는데 중요한 길잡이가 될 것을 확신하다. 이 책을 베트남에 있는 선교사나 더 많은 한국교회 교인들과 사역자들이 읽음으로써 하나님의 선교가 어떻게 진행되고 있는가를 더 확실히 알게 되기를 기원하면서 이 책을 추천하는 바이다.

이태웅 (선교학 박사, 한국해외선교회 글로벌리더십포커스 원장)

"너희 안에 이 마음을 품으라! 곧 그리스도 예수의 마음이니…(빌 2:5)" 60년대 베트남 전쟁의 격동의 시대로부터 지금까지 베트남 선교의 산 증인인 저자가 선교사와 현지 교인들의 삶을 중심으로 쓴 베트남 교회의 이야기 속에서 "그리스도 예수의 마음을 품은" 수 많은 베트남의 교인들과 선교사들을 만날 수 있었습니다. 바로 이들의 믿음이 베트남교회를 부흥케 하는 하나님의 능력입니다. 초기부터 현재까지를 엮는 첫 선교역사 이야기의 출판을 선교 역사의 한 증인으로서 축하드립니다.

최찬영 (해방 후 한국 교회의 첫 선교사)

ɷ 본 저서는 베트남 근대 역사의 현장에 있었던 저자가 기록한 것이다. 베트남의 정치적 변화 안에서 일어난 교회 역사를 깊은 통찰력과 명확성을 가지고 기술했을 뿐 아니라 오늘날 베트남의 교회 안에서 일어나는 다양한 복음화 활동의 역사와 내용을 잘 기술하고 있다. 본 책은 단순히 역사의 객관적인 기술에서 그치지 않고, 그 사이에 있는 놀라운 이야기들을 포함하고 있다. 분명히 이 책을 읽는 이들은 그 이야기들을 통해서 하나님께서 베트남에서 어떻게 역사하셨는가를 생생하게 경험하게 될 것이다. 이 책은 베트남교회의 과거와 현재의 역사 뿐만 아니라 오늘날 전 세계로 흩어져 나가고 있는 베트남 디아스포라의 놀라운 이야기까지 이어서 전해준다.

… 한국 교회에 베트남 교회 역사를 자세히 소개하는 책이 나오게 된 것은 너무나 반가운 일이다. 베트남선교에 관심 있는 분들 뿐만 아니라 하나님의 섭리가 교회의 역사 속에서 어떻게 나타날 것인가에 대해 흥미진진한 현장을 경험하길 원하는 모든 그리스도인들에게 큰 도전이 될 것이다.

한철호 (선교한국파트너스 상임위원장)

ᴄᴙ 베트남의 처음 100년의 개신교 운동에 관한 책이 나오게 되어 매우 기쁩니다. 이 책은 떠들썩했던 지난 30년간의 베트남 교회 역사를 다룬 유일한 책입니다. 레이머는 베트남의 사회, 정치, 그리고 종교적 상황에 대해서 매우 날카로운 관찰력을 지녔습니다. 그는 선교사로서 자신의 이야기를 [베트남의 선교역사 속에] 기술적으로 잘 조화시켰습니다. 본인은 교수로서 이 간결한 역사책을 신학교의 교재와 교회개척자들의 참고서로 추천하며, 또한 글로벌 사우스*Global South*의 교회 성장에 관심이 있는 분들에게 가치 있는 자료 문서로 강력히 추천합니다.

글로벌 사우스: 21세기 현재, 기독교의 중심과 영향력이 과거 북반구의 서구 국가들을 중심축으로 하던 데서 남반구의 아프리카, 아시아, 그리고 남아메리카로 이동했다고 하는 현상을 의미하는 용어

득누엔 박사*Duc X. Nguyen, PhD* **(베트남 세계 크리스천 펠로십 회장)**

ᴄᴙ 저는 이 책의 저자를 "오빠*Anh*"라고 부릅니다. 제 조국 베트남의 평생 선교사로서 이 책에서 소개되었듯이 제가 국제적인 활동을 시작하도록 감동적인 행사로 도와주었고, 지금도 저의 훌륭한 멘토입니다. 베트남에서 선교가 어떻게 생동감 있게 시작되었는지, 그리고 선교사들이 베트남을 떠난 후, 얼마나 폭발적으로 교회가 성장했는지 이렇게 잘 설명한 책을 본 적이 없습니다.

판피낌푹*Phan Thi Kim Phuc* **("네이팜 소녀" 킴국제재단 회장)**

ᘓ 렉 레이머는 포기하지 않고 계속했습니다. 그와 도나*Donna*는 자신이 선택한 나라에서 밀려나와 베트남의 디아스포라가 있는 곳이면 어디에서든지 계속 섬기고 있습니다. 처음 렉을 만났을 때, 베트남과 그 민족을 향한 그의 마음을 쉽게 발견할 수 있었습니다. 그는 베트남 언어에 능통했고 그들의 삶과 문화를 깊이 이해하고 있습니다. 그 모든 것이 이 책에 집약되어 통찰력과 도전을 주고 있습니다. 이 소중한 역사와 개인의 기억과 더불어 중요한 것은 오늘 베트남에 생동감 넘치는 그리스도인 교회공동체가 자라나고 있다는 사실입니다. 틀림없이 그의 비전과 사랑, 그리고 깊이 있는 결단이 남긴 유산입니다.

브라이언 스틸러박사*Brian C. Stiller, PhD* (틴데일 대학과 신학원 명예총장)

한국어판 출간에 즈음하여

베트남의 선교 역사를 소개한 저의 작은 책이 한국어로 나온다니 매우 기쁩니다. 이 책이 한글로 번역되어 출판될 수 있도록 수고해 주신 주 안의 형제자매들께 진심으로 감사를 드립니다.

이 책은 선교적 문서의 공백을 메우기 위해 쓴 것입니다. 지난 100년의 베트남 개신교 선교 역사 전반에 관한 개요나 요약이 지금까지 없었습니다. 그 동안 있었던 중요한 사건들을 솔직하게 이야기할 필요가 있는데 그 중에서는 약 40년 전에 공산주의에 의해 통일로 끝난 파괴적인 전쟁의 이야기가 있습니다. 그런데 그 역사 속에 포함된 이야기를 읽는 가운데 느끼시겠지만 이러한 어두운 시기와 상황 속에서도 하나님께서는 놀라운 권능으로 역사하셨습니다. 공산화 이후로 베트남의 개신교회는 모든 악조건에도 불구하고 10배 가까이 성장했던 것입니다.

한국과 베트남 사이에는 흥미 있는 유사점이 있는가 하면 크게 대조되는 부분도 있습니다. 두 나라 모두 바다를 접한 반도입니다. 두 나라 모두 20세기 중반에 공산주의로 나라가 분단되었습니다. 그리고 두 나라 모두 남북 간 전쟁을 치러 엄청난 피해가 있었습니다. 그런데 베트남은 20년 후에 공산주의 아래 통일이 되었고 한국은 60년이 지난 지금까지 분단되어 있습니다. 현재 두 코리아의 교회들은 대조적인 상황에 있습니다. 한반도 이북의 교회는 세상에서 가장 억압적인 정부 아래 간신히 생존하고 있고, 베트남의 경우는 분단된 공산주의 아래 생존하던 북쪽의 교회가 통일 후 놀라운 성장을 거듭했습니다. 베트남에는 개신교가 들어오기 전 300년 동안 천주교가 번창했습니다. 그런데 한국에서는 초기 개신교의 성장과 영향이 천주교의 영향을 앞섰습니다.

1980년대 후반 베트남의 개방 정책 이후로 늘어나는 한국과 베트남 교회들의 접촉점은 선교의 기회인 동시에 과제입니다. 한국 개신교의 풍부한 신앙과 전통은 베트남에게 물질 이상의 많은 것들을 제공할 수 있습니다. 베트남을 배우며 교회 성장에 공헌하기 위해 오는 한국 교회는 베트남의 물질적 빈곤과, 제도적인 규제, 그리고 반감이 영적인 번성을 막지 못하고 있음을 볼 것입니다.

프랑스 개신교의 율리스 술리어*Ulysse Soulier* 목사에게 호치민 주석이 1921년 보낸 편지가 최근에 발견되었습니다. 그 편지에서 호 주석은 베트남에 선교를 시작하는 목사에게 권고를 했습니다. 베트남에서는 천주교 선교사가 성공을 했고 '이웃 한국에서는 개신교 선교사가 성공을 한 것'에 대해 언급하면서 호 주석은 프랑스 선교사들이 베트남을 복음화하는 일에 빠르게 성공하지 않기를 바란다고 했습니다. 이제 거의 100년이 지난 오늘날 호 주석이 언급한 한국의 기독교 운동이 베트남에 하나님의 나라를 세워가는 일에 돕는 기회를 갖게 되었다니 참으로 뜻밖의 일이지요. 극도의 역경 속에서 놀랍게 성장한 베트남의 교회의 이야기를 읽는 가운데 하나님께서 여러분에게 축복과 도전을 함께 주시기를 빕니다.

2013년 9월에

렉 레이머*Reg Reimer*

☙ 오래 전에 아내와 나는 선교의 옛 동료를 만나기 위해 북부 태국을 방문했다. 동료 친구의 통나무집은 가파른 언덕을 등지고 있었다. 창문 밖으로 시선 높이에 대나무에서 순이 올라오고 있었다. 우기 때 가끔 죽순이 자라는 것을 재보는데 어떤 때는 하루에 15cm나 자라기도 한다는 것이었다. 바로 이와 같은 생기로 베트남 교회는 성장해 왔다.

최근에 나는 한 동료와 텍사스주 루벅*Lubbock* 타운에 있는 텍사스 가술 대학*Texas Tech University*의 베트남 센터를 방문했다. 이곳이 세계에서 베트남에 관한 자료를 가장 많이 소장하고 있는 것으로 유명하다는 사실을 알고는 있었지만, 베트남에 관해서 수천 권의 책들과 거대한 분량의 문서들이 보관소에 쌓여 있는 것을 보니 놀라웠다. 주로 1960년대와 1970년대의 자료들이었다. 베트남을 연구하는 사람들에겐 꿈과 같은 곳이었다. 우리를 안내한 젊은 연구원은 나에게 관심을 가지며 자료가 이렇게 많이 있어도 100년이나 된 베트남의 개신교 운동에 관한 것은 매우 드물다고 말해 주었다. 그리고 나에게 그 부분에 기여해줄 수 없겠느냐고 했다.

이 유명한 소장품 가운데 가장 큰 공백은 기독교 역사에 관한 것이었고 그 중에서도 선교에 관한 문서였다. 미국-베트남 전쟁을 소재로 쓴 책이 많이 있고 개인 회고록도 몇 권 나와 있지만, 개신교 역사를 포괄적으로 다룬 책은 없었다. 다시 말해서 이 책은 짧게나마 처음으로 쓰는 베트남 개신교 역사의 개요가 될 것이다. 베트남에 관해서 서양인들이 가지고 있는 사고는 지나치게 전쟁에 국한된 것들이 많아서 그 역사 안에 동일하게 길고도 강렬하게 담겨있는 삶의 이야기들이 가려져 버렸다.

금년은(2011) 베트남에 개신교가 두 번째 100년을 시작하는 해이기도 하다. 존경하는 선후배들과 선교 리더들도 현지 교회와 선교 공동체를 위하여 내가 가지고 있는 베트남 개신교 역사에 관한 독특한 경험과 지식을 나누는 것이 내가 청지기로서 해야 할 역할임을 확신시켜 주었다. 글을 써야 한다는 동기부여가 충분히 주어진 것이다.

바라기는 이 책의 이야기들이 여러분들의 마음을 사로잡았으면 좋겠다. 기독교 독자들이 세계에서 13번째로 큰 나라인 베트남에서 하나님께서 행하시는 놀라운 역사를 포착할 수 있기를 바란다. 또한 베트남의 교회와 선교에 창의적으로 참여하도록 부르심을 받은 여러분들에게는 이 책이 이미 세워진 기반과 중요한 상부구조에 대한 소개가 될 것이다. 그러나 먼저 배우는 자세로 임해 주길 바란다. 베트남의 선교는 아무것도 없던 제로 지점을 훨씬 넘어섰으며 이미 지나온 역사들은 좋은 스승이 되어 줄 것이다. 전문가들은 베트남 상황에서 과거와 현재의 선교학적인 이슈들을 접하게 될 것이며 학자들은 앞으로 지속적인 연구가 필요한 흥미로운 주제들을 발견할 수 있을 것이다.

본인은 또한 오랫동안 베트남을 등진 수십만의 베트남 디아스포라에게 하나님께서 베트남에서 행하시는 일들을 이 책을 통해 알리기 원한다. 독자들은 이 책을 읽는 가운데 기독교 역사를 알게 될 뿐 아니라 넓은 의미에서 문화와 정치적인 이해에 도움이 되는 자료들과 방향들을 발견할 것이다.

내가 여기에 쓴 이야기들을 베트남에 국한시키지 말고 세계 선교적인 관점에서 바라보면 도움이 될 것이다. 지난 수십 년간에 있었던 베트남의 특정 상황에 초점을 맞추었지만, 고난과 핍박의 한가운데에서도 교회가 괄목할 만하게 성장한다는 이야기는 여러 면에서 글로벌 사우스 전체의 이야기이다. 남반구에서의 기독교의 빠른 성장은 선교계에 잘 알려진 현상이며, 필립 젠킨스Philip Jenkins는 그것을 학적이며 동시에 대중적으로 잘 묘사해서 책으로 내놓았다. 「The Next Christendom: The Rise of Global Christianity(2002)」와 「The New Faces of Christianity: Believing the Bible in the Global South(2006)」를 출간하여 글로벌 사우스에서 일어나는 엄청난 역사적 현상을 서양 세계에 알리는 데 큰 역할을 했다. 그 책에서 젠킨스는 종교, 특히 기독교가 세계적으로 감소되고 있다는 잘못된 추정을 힘 있게 반론했다. 오히려 그는 21세기 인류는 이전의 이념들을 대신하여 종교를 붙잡을 것이라고 했다.

베트남은 글로벌 사우스에서 일어나는 기독교의 공통된 특징을 잘 보여준다. 한 가지는 성경을 그대로 믿는 믿음이다. 서구의 많은 기독교인들이 '계몽주의' 역사와 경험으로 믿음이 흐릿해진 것과는 달리 글로벌 사우스의 기독교인들은 초대교회의 초자연적인 세계관을 가지고 있다. 지속적인 억압과 빈곤, 질병, 그리고 폭력들을 악한 세력demonic으로 바라보며 적극적으로 하나님의 간섭을 구한다. 이처럼 빠르게 성장하는 오순절/성령파 성격의 믿음은 초대교회의 믿음을 회복시키며 친히 시위하시는 하나님의 능력을 강조한다.

글로벌 사우스의 교회성장은 나의 스승이었던 도날드 맥가브란*Donald McGavran* 교수의 표현처럼 "사회적 상승*social lift*"을 동반했다. 그리스도인으로의 회심은 개인과 공동체의 가치를 향상시키고, 그로 말미암아 가정의 안정과 풍요를 가져온다. 이것이 '만일 허용이 되기만 한다면*if allowed*' 또한 보다 정의롭고, 공정하고 풍요로운 사회 건설에 크게 공헌할 수 있다. "만일 허용이 되기만 한다면"이란 말에 주목하기 바란다. 1990년에 베트남 공산당의 이론가들은 잠재적으로 큰 돌파구가 될 수도 있는 사상을 내놓았다. 사회주의 체제에서조차 종교가 문화와 도덕적 가치의 발전에 이바지 할 수 있을 것이라는 이론이었다. 하지만 유감스럽게도 종교에 대한 보수적인 마르크스주의 이념 때문에 이 획기적인 사상을 받아들이지 못하고 있다.

이 책에 묘사된 베트남 기독교인들의 핍박을 읽고 충격을 받는 독자도 있을 것이다. 이제 기독교를 압박하고 핍박하는 선봉에는 공산주의보다도 극단적 이슬람들이 서 있기는 해도 아직도 공산주의는 기독교인들에게 매우 가혹하고 애증이 엇갈린 태도를 보이고 있다. 그러나 조심스럽게 말하고 싶은 것은 세계에 남아 있는 다섯 개 공산국가들 중에 실용주의를 추구하는 베트남에 아마도 가장 빠르게 긍정적인 변화가 있을 것이라는 희망이 있다는 것이다.

사실 예수그리스도를 따르는 자들에게 고난과 핍박은 그리 놀라운 일이 아니다. 이미 주님께서는 그를 따르는 자들에게 고난이 있을 것을 예고하셨다. 예수님의 제자들부터 초대교회도 그리고 역사 속의 수많은 기독교인들이 심한 고난과 역경을 겪었다. 베트남에서는 이미 공산화가 되기 3세기 전에 종교적 탄압과 핍박과 순교가 있었고, 그럼에도 불구하고 기독교는 성장했다.

2011년 3월 바티칸은 도움이 필요한 교회를 원조하는 기구Aid to the Church in Need가 영국에 지부 내는 것을 승인했다. 그 지부는 "핍박 받고 잊혀진?Persecuted and Forgotten?" 이란 보고서를 냈다. 이 보고서는 모든 종교 핍박의 75%가 기독교를 향한 것이라고 했다. 그리고 핍박이 있는 나라들 중 3분의 2는 상황이 악화되었다고 했다. 또한 "세계 수백만의 기독교인들에게 핍박, 폭력, 차별, 그리고 고난은 신앙생활을 하는 이들이 겪어야 하는 삶의 한 방편이다."(Pontifex 2011)라고 보고했다.

훌륭한 하노이대주교 응오꽝끼엣Ngo Quang Kiet 신부가 의심스러운 사임을 하기 얼마 전에 나는 그분을 만난 적이 있었다. 성서 출판을 위해 천주교회의 도움을 받았던 두 명의 개신교 목사님들이 나를 끼엣 신부가 계신 나쭝가Nha Chung Street의 역사적인 사택으로 안내를 해주었다. 그때 접대실에 웅장한 그림이 걸려 있었는데 천주교의 순교자들을 그린 성화였다. 나는 그 그림을 절대로 잊지 못할 것이다. 천주교의 역사도 이 책에서 간략하게 다루었다.

나를 끼엣신부에게 소개하는 자리에서 목사님들은 내가 나짱Nha Trang의 개신교 신학교에서 1975년 이전에 교회성장을 가르쳤던 선교사라고 밝혔다. 분위기가 갑자기 좀 썰렁해지는 것 같아 나는 "그렇습니다. 하지만 나는 교회가 실제로 성장하기 전에 베트남을 떠나야 했습니다!" 라고 조크를 했다. 그러자 대주교는 "당신은 예수님과 같네요. '내가 떠나가는 것이 너희에게 유익이라…(요 16:7)'고 주님께서 말씀하셨으니까요." 라고 말을 받았다. 바로 분위기가 바뀌었고 우리는 마음을 털어놓는 깊은 교제를 나눌 수 있었다.

베트남의 개신교회는 공산주의 아래 통일이 된 후 지난 35년간 선교사들도 없이 큰 역경을 당하는 가운데에서도 9배 이상의 놀라운 성장을 하였다. 나는 개신교 100년 역사 중 마지막 30여 년 동안 일어났던 일들을 이 책 후반부에 반 이상을 할애하여 기록하였는데, 이제껏 대부분 전해진 적이 없는 그 이야기들을 꼭 전하고 싶었다.

나는 객관적인 관찰자인 척 하지 않겠다. 나는 드라마와 같이 계속되는 베트남 교회의 역사에 전폭적이며 열렬한 참여자이고 그 역사에 대해 깊이 숙고하는 사람이 되기를 원한다. 이 극적인 이야기들의 목격자이며 이야기에 나오는 주요 리더들의 친구로서 나는 겸손한 자세로 등장인물들이 말하지 못한 이야기들을 전하려 한다. 언젠가 -가까운 시기가 되길 바라며-그들이 자기 손으로 더 완전하고 풍부한 버전의 이야기들을 나눌 수 있게 되리라고 믿는다.

2011년 사순절, *Ash Wednesday*

렉 레이머*Reg Reimer*

CHINA
LAOS
CAMBODIA
SOUTH CHINA SEA
Gulf of Tongking
Gulf of Thailand
BĂC PHĂN
HOANG LIEN SON
TRUNG PHAN
Ha Giang
Lao Cai
Cao Băng
Lai Châu
Yên Bai
Lang Sơn
Thai Nguyên
Diên Biên
Viêt Tri
HANOI
Băc Giang
Hai Dương
Câm Pha
Hông Gai
Cai Lan
Hoa Binh
Ha Dông
Hai Phong
Thai Binh
Nam Dinh
Thanh Hoa
Red River
Black River
Tương Dương
Vinh
Dông Hơi
Dông Ha
Huê
Đa Năng
Hôi An
Tam Ky
Quang Ngai
Kon Tum
Plây Cu
Qui Nhơn
Tuy Hoa
Buôn Ma Thuôt
Nha Trang
Đa Lat
Cam Ranh
Phan Rang-Thap Cham
Lôc Ninh
Tây Ninh
Di Linh
Biên Hoa
Phan Thiêt
Thu Dâu Môt
Hô Chi Minh
Châu Đôc
Tân An
My Tho
Gô Công
Long Xuyên
Vung Tau
Rach Gia
Sa Đec
Vinh Long
Bên Tre
Vinh Rach Gia
Cân Thơ
Tra Vinh
Soc Trăng
Bac Liêu
Ca Mau
Mekong
Mekong Delta
Dao Phu Quôc
Côn Đao
Đao Bach Long Vi

1600년대 초	베트남에 천주교 선교회 세움
1890년대	첫 개신교 선교사 베트남에 진출
1911	CMA(기독교 선교사회–Christian and Missionary Alliance)
	선교사들이 다낭에 선교회 설립
1921	다낭에 첫 성경학교 설립 – 전임 목사 훈련
1926	개신교 성경전서 번역 완료 출판
1929	베트남 토착 복음 교회 설립
1936	부흥사 존 성 등장
1941–45	일본군 점령과 심한 기근
	선교사 대부분 떠났으나 몇 명은 수용소에 갇힘
1945–54	프랑스 상대로 독립 전쟁
1954	제네바 협정으로 베트남이 17도선을 기준으로 남북으로 나뉨
1960년대 초	다른 선교 단체들 남부에 오기 시작

1959년 나짱의 베들레헴 학교 예배당을 나서고 있는 고아원 원생들

1964–73	미국–베트남 전쟁
1971	나짱 부흥
1975	4월 30일 '사이공 몰락' 또는 '독립 기념일' 공산주의로 통일됨. 신자 수 162,000명
1975–85	'암흑의 십 년', 또는 남부가 공산 치하가 된 첫 십 년
1978–83	뜨란차오반 부흥
1986	베트남 도이모이(경제 구조 개혁) 시작
1988	가정 교회 운동이 시작됨
2004–05	베트남에 종교의 자유를 허용하려는 의도로 '새 종교 법' 도입
2004–06	베트남이 미국에서 종교를 핍박하는 나라로 명단에 올랐었으나 취소됨
2011	베트남 개신교 운동 백 주년 기념 총 개신교인 수 140만으로 추정

1971년 총회에서 선출된 지도자들

1975년 베트남이 공산주의로 통일되고 나서 35년이 지나는 동안 기독교를 믿는 인구는 16만에서 140만 명으로 900% 이상 성장했다.[주1] 기독교에 대해서 적대적이고 언제나 의심스러워하는 정권 하에서 이렇게 놀랍게 성장한 것은 대단한 일이고 우리에게 교훈해 주는 바가 크다고 하겠다.

베트남의 교회에는 굴곡과 반전과 좌절이 많았고 하나님의 백성들은 아무 이유 없이 심하게 고통을 당했다. 그럼에도 불구하고 신실하신 하나님께서는 베트남에서 친히 당신의 교회를 자라게 하셨고 당신의 백성들이 굳건한 믿음을 갖도록 돌보셨다.

이 이야기는 직접 경험한 것을 토대로 쓴 것이다. 나는 1966년 12월 두 아이를 데리고 아내와 함께 베트남에 선교사로 갔는데 당시는 베트남 전쟁이 격렬해지고 있을 때였다. 그 후 일 년이 조금 넘은 68년 구정 때에 있었던 공산군의 뗏공격*Tet Offense*으로 중부고원의 반메뚜엇에 있던 동료 선교사 여섯 명이 죽음을 당했다. 우리는 그 중 세 명을 살해된 장소에 묻었다. 그리스도를 섬기는 일에 따르는 대가가 얼마나 값비싼 것인지 그 암울한 시기에 내 마음에 깊이 새겨졌다.

[주1] 베트남의 기독교 인구 통계는 Operation World - Mandryk 2010, 882-886를 참고할 것

당시 우리를 비롯하여 20개의 단체에서 온 200여명의 선교사들은 용기있는 베트남 신자들과 함께 계속해서 예수 그리스도의 복음을 전하고, 하나님의 사랑에 응답하여 전쟁으로 인해 궁핍과 고통을 겪는 수많은 사람들을 돌보았다. 남부 베트남이 망하던 1975년 4월까지 그 일을 계속했다. 그 후, 인근 태국의 난민 수용소로 자리를 옮겨서 새로 공산화가 된 캄보디아, 라오스, 그리고 베트남에서 도망 나온 피난민을 섬겼다. 그들 중에는 작은 배를 타고 위험한 바다를 건너다가 악한 해적에게서 간신히 피해 나온 생존자들도 있었고, 위험을 무릅쓰고 험한 육로 를 통해 온 사람도 있었는데, 우리는 그들에게서 공산정권 아래에서 사는 일이 얼마나 냉혹하며 특히 그리스도인들이 얼마나 혹독한 대우를 받는지에 대해서 들을 수 있었다.

1980년은 베트남이 공산화된 지 오년 밖에 지나지 않은 때였는데 어쩌다가 나는 그곳에 돌아가서 믿는 친구들을 방문하게 되었다. 정말 기적 같은 일이었다. 극도로 비밀리에 교회 지도자들을 만났는데 하나님의 백성들이 얼마나 심한 고통을 당하고 있는지를 직접 눈으로 보고 귀로 들었다. 내가 할 수 있는 일이 무엇이 있겠는가 하고 묻자 원로 지도자는 망설일 것도 없이 바로 대답했다. "바깥 세상에 우리의 목소리가 되어 주십시오. 우리가 할 수 없는 말을 선교사님들이 크게 말해 주십시오." 그 말은 나에게 전쟁에 나오라고 소집하던 나팔 소리와도 같이 크게 울렸다.

그 때로부터 30년 동안 그 소리는 나의 주된 소명이 되었다. 수없이 베트남을 들락거리며 고통과 박해를 당하는 성도들과 얼마나 많이 만났는지 모른다. 수백 페이지에 달하는 정부의 문서를 번역하기도 했는데 어떤 것은 극비 문서였다. 그러나 아직도 베트남 기독교인들의 목소리를 외부에 전하는 일은 베트남 식으로 말하자면 '그리 편리하지 않은' 일이다. 그래도 이 책에서 여러분은 그들의 경험과 기록을 만나게 될 것이다. 초기 역사는 1972년 「베트남의 개신교 운동; 전쟁과 평화 시대의 교회 성장」이라고 제목을 붙인 나의 신학교 연구 논문에 들어 있는 것이다.

1838년 순교한 베트남 순교자 폴미, 삐에르즈응, 삐에르쭈엇

2011년은 베트남 개신교 선교가 100주년이 되는 해이다. 이 책에서는 그 첫 100년 동안 개신교회에 있었던 성장과 그 동안 만났던 장애물들을 강조했다. 필요에 따라 선택하여 기록했기 때문에 이 책에서는 베트남과 그 역사를 이루는 복잡한 내용을 그저 맛보기로 보여줄 수 있을 뿐일 것이다.

우선 베트남에 천주교가 들어왔을 때를 살펴보는 것이 이 책에서 집중하여 조명하려고 하는 개신교 역사의 배경을 이해하는 데 도움이 될 것이다. 베트남의 천주교는 4세기 동안 8백만 신자를 얻었는데 이것은 동남아시아에서 필리핀 다음으로 많은 숫자이다. 초기 천주교 선교사들과 베트남 개종자들이 받았던 박해는 믿기 힘들 정도로 극렬했고 교회사에서 잘 알려져 있지 않은 사건이었다.

1975년 이래 선교역사의 꼭 삼분의 일 기간 동안 베트남 개신교는 공산 치하에서 성장했고 참으로 크게 번성했다. 이 책을 출판하는 것은 그 격동의 기간 동안 어떤 일이 일어났는지를 개괄하여 발표하는 시도를 처음으로 해 보는 것이다.

정부의 한 문서에는 기독교가 '폭발적으로 성장'했다고 되어 있는데, 바로 그 "폭발적인 성장"과 베트남 교회를 지지하는 바깥 세계의 다양한 노력은 아무도 막을 수 없다. 우리는 그 흐름과 움직임, 그 지도자들을 보면서 하나님께서 일하고 계시고 당신의 나라를 친히 세우고 계심을 깨닫는다.

아무리 갖은 수단을 동원하여 대적하려고 해도 이 장엄하고 영원한 계획을 꺾을 수는 없다. 그것은 분명한 사실이다.

인구 많고 유명한 나라

베트남은 현재 전체 인구가 8천6백만 명인데, 세계에서 13번째로 인구가 많은 나라로 60년대 미국의 참전으로 전쟁이 확대되어 세계의 주목을 받게 되었다. 그리하여 즉시로 논쟁의 중심, 고통의 진원지, 동정의 대상이 되었다. 세계적인 통신 수단의 발달로 역사상 처음으로 수백만 명의 세계인이 TV의 저녁 뉴스를 통해서 인간이 인간에게 실제로 행하는 비인간적인 장면을 볼 수 있었다. 그리고 그것은 인간의 영혼을 찢어 놓았다.

베트남 전쟁 때문에 미국은 5만8천 명의 인명 손실이 있었고 나라 재산을 탕진했으며 국제적인 자신감에 심각한 손상을 입었다. 그것은 모두가 잘 알고 있는 사실이다. 전쟁은 미국인이 어떤 국민인가를 규정해 주었고 그것은 아직도 미국의 대외정책에 큰 영향력을 미치고

1966년 월맹군과의 나흘간의 접전 후 새벽에 참호에서 나오고 있는 미국 해병대

있다. 베트남 전쟁을 소재로 한 연구, 자기 분석, 소설, 영화가 수없이 많이 나왔다. 베트남 사람들은 그 전쟁을 '미국 전쟁'이라고 부르는데 사실 그 전쟁으로 인한 피해를 몇 배로 많이 입은 나라는 보통 그렇게 이야기하는 경우는 드물지만 사실은 베트남 자신이다.

그렇지만 여기에서 우선적으로 우리에게 관심이 있는 부분은 배후에 있는 하나님 나라이다. 우리가 인식하고 있든 그렇지 못하든 하나님은 이 세상에서 일어나는 모든 사건 가운데 역사하고 계신다. 틀림없이 우리는 베트남에서 일하시는 그분의 손길을 발견할 수 있다.

베트남 비판하기

베트남은 서양인의 사고 속에 특별한 위치에 있는 것 같다. 그래서 베트남을 비판할 때 '냉정함'을 유지하기가 쉽지 않다고들 한다. 인권 단체들이 공산 베트남을 매우 핍박지수가 높은 정권이라고 계속 써대고 있지만 국가적으로 그 정책을 쉽게 버릴 것 같지는 않다. 베트남에서 용감하게 활동하고 있는 반체제 인사들은 지구촌에 마지막까지 남아 있는 공산 독재 체제를 개선하려고 애를 쓰지만 거의 도움을 받지 못하고 있는 실정이다. 40년 전 베트남에서 일어났던 무서운 일들은 아마도 서양이 집합적으로 느껴야 할 죄인지도 모르겠다.

미국은 베트남에서 지나치게 오만하게 굴었다. 그리고 베트남은 경제와 관광을 증진시키고 현지 언론을 완전히 장악하여 국제적인 뉴스를 영리하게 조정함으로써 국제적인 주시와 비판에서 간신히 벗어났다. 그러나 베트남에서 가장 불쌍한 백성들이 있는데 그들은 일당 독재의 무거운 구조 속에서 아직도 거칠게 차별받고 있는 기독교인들이다. 우리는 과거에도 그랬듯이 현재 자신들의 정부의 손에 고통을 당하고 있는 사건들을 무지하게 은폐하려는 일에 대해서 간과할 수가 없다. 여기에서는 주로 개신교 신자들에 관하여 집중할 것이다. 베트남은 개선되어가고 있지만 아직도 갈 길이 매우 멀다.

미니 가이드

베트남의 소수부족은 인구의 13% 밖에 되지 않지만 개신교 신자의 반 이상을 차지하고 있어서 우리 이야기 중 상당 부분이 할애될 것이다. 그들은 서부 고원지대라고도 불리는 베트남의 중부 고지대(CH)와 북서부 산지에 거주하고 있다. 베트남 정부의 출간 자료들은 베트남에 소수부족이 54개 있다고 하는데, 위클리프 언어학자들은 언어학적으로는 거의 100개의 다른 부족이 존재한다고 한다.

중부 고원지대(CH-*Central Highlands*)는 베트남의 경제 수도인 호치민시(HCMC) 북쪽에 위치하는데 그 서쪽으로는 캄보디아가 있다.[주2)] 그 CH 지역은 원래부터 수십 개 부족이 살고 있는 고향이다.

언어적으로는 몬크메르*Mon Khmer*와 말라요 폴리네시안*Malayo Polynesian*으로 크게 두 부류로 나뉜다. 그들은 프랑스어로 몬타나즈*Montagnards* 또는 '산 사람'이라고도 불린다. 1930년대 처음 기독교가 들어와서 현재까지 믿게 된 몬타나즈는 40만 명이 넘는다. 기독교 인구가 많은 부족은 에데, 자랄, 코호, 스띠엥, 그리고 바날이다.

북서부 산지 지역(NMR-*Northwest Mountainous Region*)은 베트남의 꼭대기 지역으로 북으로는 중국, 서쪽으로는 라오스와 국경을 같이 한다. 그곳도 수십 개의 소수부족이 원래부터 살고 있는 고향이다. 그 중 흐몽족이 제일 큰 부족이다. 35만 명이나 되는 소수부족민, 그 중에서도 흐몽족이 지난 20년 사이에 기독교를 믿게 되었다.

새로 믿은 이 흐몽 기독교인들은 매우 열심히 복음을 전하고 있는데 산츠와 같은 미전도 종족도 그들의 전도를 받았다. 베트남의 소수부족은 전통적으로 해안 저지대에 밀집해서 살고 있었는데 압력을 받아 중부 고지대 지역으로 밀려나 현재는 몬타나즈보다 인구가 더 많게 되었다. 그들은 북서부 산지로도 이주를 하였다.

주2) 사이공이라는 이름은 공식적으로 1976년에 호치민시로 바뀌었지만 종종 원 이름을 쓰는 경우가 많이 있다. 영어처럼 베트남어로도 이전 이름이 세 음절로 더 짧기 때문이다. 이 책에서는 양쪽 이름을 다 사용했는데 정치적인 의도가 있는 것은 아니다.

1927

1927년, 반 하인Van Hine 과 캣만 선교사부부, 하노이 교회와 함께

1930

1930년, 탕화Thanh Hoa 교회의 즈응뚜압 목사부부와 잭슨선교사 부부

1932

1932년, 토Tho [부족]교회

1934

1934년, 전도 다니던 배

1934

1934년,
박닝Bac Ninh 교회

1938

1938년, 빙롱Vinh Long에서
열린 중국의 존성 목사의 부흥집회 후

CHAPTER 1

모순되는 사건들

Contradictions

놀라운 사건

베트남은 완전히 모순된 것들이 함께 나란히 존재하는 나라이다. 2009년 12월에 있었던 두 가지 사건이 베트남 기독교인들의 현 주소를 말해준다. 2009년 12월 11일, 공산주의 베트남에 역사적인 일이 있었다. 호치민시에서 급하게 무대를 설치한 공연 장소에 약 4만 명이 모여 크리스마스 행사를 갖고 복음의 메시지를 들었다. 그 규모와 중요성을 놓고 볼 때 베트남에서는 이전에 유례가 없었던 사건이었다. 잘 알려진 베트남 기독교 웹사이트와 다른 보고를 종합해보면 약 8천 명의 사람들이 복음에 반응하고 예수그리스도를 영접했다고 한다.

이 모임은 수개월 전에 구두로 허락이 났지만, 관계당국은 모임이 시작되기 며칠 전까지 집회를 허락하는 공식문서 발급을 거부하고 있었다. 오히려 이들은 모임을 주관하는 자들에게 집회를 취소하라고 요구했다. 하지만 이 모임의 준비 위원회에서는 물러설 수 없었다. 이 집회를 위해 수백 명의 사람들이 집중적으로 기도하며 준비해 왔기 때문이었다. 정부관계자들에게 만약 이 모임이 진행되지 않으면 국제

사회의 여론 등 베트남에 부정적인 결과가 올 수 있음을 경고했다. 결국 집회가 시작되기 48시간 전에 관계당국은 집회를 승인했다. 그러나 모임 참석 인원은 3천 명이 넘지 않아야 한다고 단서를 붙였다. 이제 이틀 동안에 텅 빈 광장에 운동장 규모의 관중석을 마련해야 했다. 거대한 무대를 만들고, 필요한 전기시설을 가져오고, 음향과 조명을 설치해야 했다. 준비 위원회는 하락된 숫자를 훨씬 넘어 2만 개의 의자를 준비했다. SNS 문자를 통해 수백 명의 학생들이 학교수업까지 빠지며 와서 준비를 도왔고, 집회에도 참석했다. 준비 위원회는 또한 버스를 빌려 인근 성의 신자들과 그 친구들을 초대하여 집회에 참석하도록 했다. 너무 많아 2천여 명은 되돌려 보내야 했다.

대형 집회나 예배에 참석한 경험이 없는 처소교회의 교인들에게 이 집회는 자신들이 상상할 수 없었던 놀랍고 흥분된 모임이었다. 어떤 이들은 천 명으로 구성된 성가대에 참여하여 기쁨의 찬양을 불렀다. 말씀의 부르심에 응답하여 예수를 알지 못하던 수천 명의 예배자들이 그리스도를 따르겠다고 앞으로 나아올 때 집회는 절정을 이루었다. 하나님의 성회*Assemblies of God*의 증탕*Duong Thanh* 목사는 성령의 기름부으심으로 말씀을 전했다. 수천 명이 예수 영접의 부르심에 "폭포처럼*like a waterfall*"[주3] 앞쪽 무대로 쏟아져 나왔다. 이 모두가 공산국가인 베트남 안에서!

[주3] 베트남의 홈피인 www.hoithanh.com에 베트남 개신교회의 이모저모를 접할 수 있다.

또 하나의 사건

동일한 시간에 베트남의 북서부 산간 지역에서는 아주 다른 스토리가 전개되고 있었다. 디엔비엔 성Dien Bien Province은 기독교인에게 나쁜 지역 중에서도 가장 나쁜 지역으로 이름이 나있는 곳이었다. 그곳을 다스리는 관료들은 그 평판을 유지하기 위해 열심인 것 같았다.

2009년 11월에 한 순회 전도자가 디엔비엔동 현Dien Bien Dong district의 흐몽족Hmong 열 가정을 믿음으로 인도했다. 그 중 한 명인 파오씨우Pao Xyooj 씨는 오랫동안 병상에 있었는데 그 전도자의 기도를 통해 치유를 받았다. 지역 관리들은 이 가정들을 위협하기 시작했다. 만약 새 종교를 버리지 않으면 벌금을 많이 내야하고 큰 해가 미칠 수 있다고 위협했다. 일곱 가정은 신앙을 포기했다. 하지만 나머지 세 가정은 포기하지 않았다.

그 해 12월 1일에 공안들은 믿지 않는 주민들을 선동하여 새 믿음을 포기하지 않은 세 가족에게 돌을 던지고 구타하도록 했다. 파오씨와 아내는 몸에 큰 상처를 입었다. 하지만 끝까지 이들은 신앙을 포기하지 않았고 이 소식은 외국의 친구들에게 전해졌다. 12월 15일에 공안은 파오씨 부부를 아내의 부모와 가족들에게 데리고 갔다. 부모와 가족들에게 압력을 가하여 이들 부부를 가족에서 제명시키겠다고 위협했다. 공동체 사회에서 이것은 아주 큰 무기였다. 공안은 또한 파오씨가 새 믿음을 포기하지 않으면 그를 때려죽일 수도 있고, 모든 재산을 압수해서 아내와 자녀들을 거지로 만들 수 있다고 협박했다. 그 후 파오씨는 괴로워하며 외국에 있는 선교사와 이런 통화를 했다.

"내가 졌습니다. 믿음을 포기하는 서명을 했습니다. 나의 마음은 그렇지 않았지만, 관리들이 그리스도를 따르지 못하도록 했습니다." 뒤 배경에서 울고 있는 아내의 음성을 들을 수 있었다. 며칠 후에 이 스토리는 외국의 사무실들과 런던, 워싱턴, 그리고 오타와에 있는 베트남 대사관들에 전달되었다. 하지만 우려한대로 베트남 정부는 자신들의 법과 국제적인 약속을 어긴 이들 공안들에 대해서 아무런 조치도 내리지 않았다. 파오씨와 그의 가족은 비록 문서상으로는 강제적으로 신앙을 포기하는 서명을 했지만, 지금도 믿음을 지키고 있다. 이들이 치러야 했던 대가는 많았다. 2010년 2월 2일에 지역 관리들과 몇 주민들은 강제로 파오씨 가족의 부엌살림과 식량을 빼앗았다. 3주 후에 이들은 파오씨의 집을 완전히 파손시켰고, 3월19일에 이 가족은 마을에서 산속 숲으로 쫓겨났다.

위에 밝힌 대조적인 두 사건은 베트남의 종교자유 현황을 상징해 준다. 호치민시에서는 교회가 힘을 모아 관계당국에 요청하여 약간의 어려움을 겪기는 했지만 복된 크리스마스 행사를 가질 수 있었다. 당국이 모임을 방해하고 취소할 수 있는 힘이 있었지만 교회의 승리로 돌아갔다. 기도의 능력과 교회 연합의 승리였다!

하지만 문명의 혜택을 입으며 국제 사회의 조명을 받는 도시에서 멀리 떨어진 산간 지역은 달랐다. 소수부족 기독교인들은 맹렬하게 사회의 압력을 받았고, 군중의 폭력과 믿음을 포기케 하려는 공안들로부터 죽음의 위협도 받았다. 새 신자들은 믿음을 포기한다는 각서에 사인을 하기도 했다. 목회자와 상담의 기회도 없고 성경지식도 많지 않은 가운데 신앙의 씨름을 해야 한다. "예수님께서 내가 다시 조상들을 숭배한다는 서약서에 사인을 하면 나를 용서하실까?"라는 질문을 한다. 모든 시민들에게 완전한 종교의 자유를 보장하며, 절대로 종교행위를 방해하지 않는다고 세계에 공포한 나라에서 지금도 이런 일들이 행해지고 있는 것이다!

미래의 길

공산주의가 지배하는 35년 동안 베트남의 기독교인들은 아주 값진 교훈을 얻었다. 그 중 가장 중요한 것은 신실하신 하나님께서는 믿음을 버리지 않는 자들에게 약속하신 일들을 경험하도록 인도하신다는 사실이다. 기독교 지도자들은 핍박이 오히려 믿음을 굳건하게 하며 때때로 교회의 성장에 공헌한다는 것을 깨달았다. 하나님께서는 무엇

하노이 시내의 오토바이 물결

보다도 우리가 믿음 안에서 신실하게 남아 있기를 바라시는 것이다.

베트남의 기독교인들은 자신이 베트남 국민으로서 평등한 권리를 행사하며 존중 받기를 원하고 나라의 발전에 이바지하고 싶어 한다. 그들은 의심을 받고, 소외되고, 차별을 당하고, 정부로부터 개 취급을 받는 것에 지쳐있다. 그들은 세계에 있는 동료 기독교인들에게 기도를 부탁하며 정부가 자신들의 약속에 책임을 질 수 있도록 국제사회가 나서 줄 것을 요청했다. 그리고 국제 사회와 외국 정부들의 압력이 베트남 내 종교 자유의 발전에 공헌했기에 베트남을 포기하지 말고 지속적으로 도와달라고 요청했다.

베트남의 교회들은 세계 각처의 기독교인과 기관들과 창의적인 사역의 협력 관계를 만들어 가고 있다. 이 관계가 진정성을 갖고 함께 갈 때 베트남 교회에 가장 유익이 될 것이다. 베트남의 기독교인들은

북부 베트남의 박하*Bac Ha* 시장

오히려 문이 열려있는 나라들의 기독교인들에게 가르쳐 줄 것들이 많이 있다. 그들은 극단적인 상황을 경험하며 성경에서 말하는 놀라운 능력의 하나님을 더 잘 이해하게 되었다. 하나님께서 그들 가운데에 강하게 임재했다. 하나님의 증거가 기적과 은사로 나타났다. 베트남의 신자들은 대담할 뿐 아니라 낙관적이다. 그들은 성경의 말씀처럼, "내가 이 반석 위에 내 교회를 세우리니 음부의 권세가 이기지 못하리라(마태복음 16:18)"는 것을 신뢰한다.

베트남은 어느 길로?

1980년대 중반 이후로 서방의 큰 신문사 기자들이 베트남에 거주하면서 일하고 있다. 내가 아는 몇 기자들은 베트남에서 일어나는 종교의 자유와 학대에 대해 기사를 썼다. 그 중에 몇 명이 간혹 자신들의 의지와 상관없이 베트남을 떠나야 했던 일들을 회고하며 글을 썼다. 그 가운데 여기에 소개하는 네 권의 책들은 자신들이 경험한 베트남의 상황을 잘 묘사하고 있다. 일반 사람들이 많이 가지고 있는 질문들에 관해서도 언급했다. 예로, "과연 경제자유화와 발전이 정치적인 자유로 이어질 것인가?" 이들의 결론은 주로 "조만간 일어나지는 않을 것"이라는 것이다.

머레이 히버트*Murray Hiebert*는 남부베트남에서 메노나이트 교회의 봉사자로 일을 한 미국인이다. 그는 저명한 「극동 경제 논평지*Far Eastern Economic Review*」[주4]의 대표로 하노이에서 80년대 중반에서 90년대 중반

[주4] Far Eastern Economic Review는 제 2차 세계대전 이후로 동아시아의 경제와 정치적인 이슈를 대담하게 보도했다. 아쉽게도 2009년 출판이 중단되었다.

까지 10여년 일을 했다. 그는 베트남을 떠나며 틈틈이 적은 개인 메모를 비밀리에 가지고 나와 「호랑이를 좇아 : 새 베트남의 화상*Chasing the Tigers: A Portrait of the New Vietnam*」(Hiebert 1996)를 출판했다. 이 책은 그 후 공산주의 베트남이 마르크스주의 경제원칙을 서서히 버리며 이루어낸 놀라운 경제 발전을 잘 예상하고 있었다.

영국인 저널리스트 로버트 템플러*Robert Templer*는 AP통신*Agency Press* 기자로 베트남에서 일했다. 그는 「그림자와 바람 : 현대 베트남의 견해*Shadows and Wind: A View of Modern Vietnam*」(Templer 1998)를 썼는데, 다른 대담한 저널리스트들과 같이 비자가 연장되지 않아서 베트남에서 더 활동하지 못했다. 템플러씨는 90년대 베트남이 막 자본주의로 나아가면서 만들어내는 거대한 빈부의 격차를 비롯한 사회의 복잡한 역동성을 잘 잡아내었다.

데이빗 램*David Lamb*은 UPI통신*United Press International*과 LA타임즈*Los Angeles Times*의 전쟁 특파원으로 1960년대에 베트남에서 일한 경험이 있다. 아마도 전쟁 특파원으로는 처음으로 베트남에 돌아와 하노이에서 1997년에서 2001년까지 살았다. 그리고 그는 2002년에 「지금의 베트남 : 돌아온 기자*Vietnam Now : A Reporter Returns*」란 책을 내었다. 베트남에서 일했던 여러 사람들처럼 그도 베트남과 그 국민에게 깊이 감동했다고 진술했다. 그의 책은 비록 훌륭한 베트남의 이야기이지만 현 공산정부에 너무 우호적으로 쓰지 않았느냐는 비평도 받고 있다.

마지막 책은 또 다른 영국인 저널리스트 빌 헤이튼*Bill Hayton*이 쓴 책이다. 그는 2006년과 2007년에 BBC뉴스의 기자로 활동했는데 2010년 출판된 그의 저서 「베트남: 날아오르는 용*Vietnam: Rising Dragon*」에서 베트남을 현주소를 소개했다. 이 책은 베트남에서 살며 일하려는 사람에게 아주 좋은 기초도서인데, 이 안에서 헤이튼은 베트남의 관료 정치가 당에서 시작하여 당으로 끝나는 옷을 겹겹이 입은 것으로 보고 그것을 벗겨 보려고 노력했다.

그는 베트남이 얼마나 전통을 중요시 하는가 묘사했지만 결국 실용주의적이라고 결론지었다. 헤이튼씨는 예리하게 사람들의 일상생활 속에서 당의 선전을 꿰뚫어보았다. 헤이튼보다 더 오래 베트남에서 살았던 외국인이 많이 있어도 베트남에 대한 이해가 그 이상 깊은 사람은 없는 것 같다. 그는 2010년 웹사이트에 올린 '베트남에서 제한된 정치적 활동' 이란 글에서 식견 있는 내부인이 관찰한 내용을 정확하게 요약하고 있다. 베트남의 일당 정치와 모든 방송통신의 통제는 전체의 일부에 불과하다는 것이다.

베트남 공산당의 집권은 세계에서 가장 역동성 있고 야심찬 사회의 지속적인 긴장감 속에 존재하며 그들은 권력을 유지하기 위해 안간힘을 쓰고 있다고 했다. 베트남 말에 "*pha rao* 담을 부수다" 라는 표현이 있다.

삶의 질을 향상시키고 발전하면서 많은 장벽이 있기도 하고 또 항상 정권이 좋아하는 일을 하는 것은 아니지만 공산당의 절대성을 위협하지 않는 한 "오케이"라는 말이다. 공산당은 절대적인 권력을 유지하고 있고 베트남의 헌법 제 4조에 명시되어 있는 대로 그 "주연"의 역할을 포기할 생각은 전혀 없다. 헤이튼기자는 베트남의 자유화를 위해 외부에서 긍정적인 영향을 미치려면 다음을 이해해야 한다고 보았다

"사람들은 여러 나라에서 수백만 달러의 미화와 유로를 기부하여 베트

남이 법적으로 개혁되고 일당 정치에서 벗어나며 더 나은 신문잡지를 발간하도록 했다. 그러나 이 모든 변화의 과정 속에서 베트남의 공산당은 기증자들보다 항상 몇 걸음 앞서 있었다.

국제 사회가 원조하고 투자했지만 베트남에 여러 정당의 민주주의를 가져오지 못했다. 오히려 일당 체제와 지배를 더욱 효율적이고 효과적으로 만들어 주었다. 바로 공산정부에서 원하던 바이다. 많은 베트남 사람들의 삶이 좋아지고 있고, 이 발전이 계속되는 한 현 체제는 지속될 것이다 (ibid)."

CHAPTER 2

베트남의 문화와 종교

Vietnamese Culture and Religion

기독교 선교사들이 복음을 가지고 베트남에 처음 왔을 때 종교적 상황은 어떠했는가?

지금까지도 만약 베트남 시골의 한 농부에게 "종교가 있습니까?" 라고 질문하면, 그는 아마도 "아니요. 나는 오직 내 조상만 모십니다." 라고 할 것이다. 이 말은 어떤 조직적인 종교인 카톨릭 혹은 불교에 속한 멤버가 아니라는 의미일 것이다. 하지만 보이거나 혹은 보이지 않는 세상에 대해 그들이 가진 어떤 신앙이나 혹은 신앙적 행위를 종교라고 한다면 조상을 모시는 자들도 물론 종교인들이고, 베트남인들은 매우 종교적인 사람들이다.

베트남 사람들의 종교에 관한 잘못된 인식이 글로 많이 나와 있다. 지배적인 위치에 있는 불교가 그 중 하나이다. 베트남 불교는 대승불교여서 이웃 캄보디아, 태국, 버마, 그리고 라오스의 소승불교처럼 사람들의 삶을 직접 지배하지 않는다. 베트남의 불교는 토속신앙과 접목되어 있고, 또한 도교와 유교의 영향도 상당히 받았다. 어떤 베트남인들은 "세 종교"를 합친 것을 따른다고 말한다.

사람들은 일반적으로 베트남의 주된 종교는 불교라고 한다. 하지만 실제로 자기가 불교를 믿는 사람이라고 하는 사람이 몇 명인지에 대해서는 논란이 많다. 정부 종교 관련 사무국(GBRA*Government Bureau of Religious Affairs*)은 불교인 숫자를 약 천만 명 혹은 전체인구의 12%로 통계했다.[주5] 2009년 정부 인구조사 자료는 GBRA보다 모든 종교인 숫자를 적게 보고했는데, 이 자료에 의하면(Annex 3) 베트남의 불교인 숫자는 680만 명으로 전체 인구의 약 6.6%로 되어있다. 하지만 불교지도자들 중에는 불교인 숫자를 3천만 명 혹은 그 이상으로 주장하기도 한다.

주5) 2010년 출판된 정부의 베트남어로 된 내부자료 개신교 훈련 자료-Protestant Training Manual에 나온 통계이다.

베트남의 불교 승려들의 행렬

밑에 깔린 토속신앙

천주교의 레오폴 카디에*Leopold Cadiere* 신부는 베트남인의 종교에 관한 권위자로 인정을 받고 있다. 그는 베트남의 역사와 예술, 언어에 대해서도 전문가였다. 그는 1882년부터 1945년까지 63년을 베트

주6) 그는 수많은 글을 썼는데 그 중에서 프랑스어로 된 3부작 걸작이 있다. 『베트남 사람들의 종교적 신앙과 생활*Religious Beliefs and Practices of the Vietnamese*』(Cadiere 1958)이 영어로 번역되어 있다.

남에서 일했고 월맹*Viet Minh* 정부의 감옥에서 숨을 거두었다.[주6] 카디에 신부는 베트남인의 종교 밑에는 토속 신앙이 깔려 있다고 했다. 그물처럼 뒤얽힌 그들의 종교성은 열대 숲의 다층처럼 복잡하다는 것이다(카디에 1929, 275). 왕의 즉위식을 따르는 성대한 의식에서부터 혼이 들어가 있다고 믿는 바위 앞에서 기도하는 모습을 보아 알 수 있듯이 종교적 감성이 아주 강력한 힘으로 베트남 사회의 모든 면을 주도한다. 이 신앙은 풍수지리, 수를 이용한 점술, 점성술, 무속인, 주술사를 포함하며 지역과 나라의 영웅들을 신격화하고 있다.

1세대 혹은 2세대의 무신론 공산주의 사상이 이 종교성을 쓸어버렸을 것이라고 생각하는 것은 큰 오산이다. 이 "미신"은 일반 사람들은 물론이고 그것을 비과학적인 것으로 간주하는 공산주의의 간부들

한 상점 내의 제단

흐몽족 한 가정집의 제단

까지도 폭넓게 따르고 있다. 조상숭배는 베트남 전역에서 가장 보편적으로 행하고 있는 종교적 의식이다. 이것은 세상을 떠난 가족의 혼에 영적인 힘을 부여하는 것으로 고급화된 토속신앙의 한 형태이다. 전통적으로 인간은 세 개의 혼*soul*과 아홉 개의 영이 있다고 믿는다. 이 세상을 떠난 가족의 혼을 제단에서나 때로는 무덤에서 의식을 통해 높여드려야 한다. 죽을 때에 버려진 혼들은 악한 영이 되어 떠돌아 다닌다고 믿는다. 조상을 높이는 의식이야 말로 가장 잘 개발된 베트남사람들의 문화적 제도라 할 수 있을 것이다. 이 예식을 터꿍*Tho cung*이라고 말하는데 "예배와 제사*worship and sacrifice*"라는 의미를 가지고 있다. 겉의 모습만 보면 가족단위를 벗어난 체계와 조직이 없기 때문에 조상에 대한 제사의 중요성을 놓치기 일쑤이다. 카디에 신부는 이렇게 결론을 내렸다:

구정을 맞아 조상 제사*(Tho cung to tien)*를 지내는 전통 의상의 한 노인

주7) 베트남의 이전 이름으로 "안남의 왕국*Kingdom of Annam*"에서 유래했고, 프랑스 식민지명도 안남이라고 불렸다. "평안한 남쪽*Peaceful south*"이라는 의미가 있다.

"이것이 참된 그림이다. 몇 개의 사당과 절을 방문한 관광객이나 관련된 자료를 깊이 연구한 학자가 본 것도 아니라 안남주7) 사람들의 종교적인 삶 속에서 드러나는 표현들을 그들의 삶속에서 지속적으로 지켜본 자들만이 볼 수 있는 그림이다(ibid., 276)."

토착 종교들 Indigenous Religions

베트남인들의 종교성은 그들만의 독특한 토착 종교들 가운데서 볼 수 있다. 그 중 가장 잘 알려진 것이 까오다이교*Cao Dai*이다. 1920년대에 그 유래를 찾을 수 있는데 서로 상반되는 신앙관을 접목하여 조화를 이루게 한 대표적인 예이다. 창시자 응오반찌에우*Ngo Van Chieu*는 숨겨진 세상과 집회*seances*를 통해 대화하려는 것을 이 종교의 중요한

따이닝*Tay Ninh*의 까오다이교 사원

부분으로 만들어 의도적으로 여러 다른 종교들과 조화를 이루려고 시도했다. 까오다이 교리는 솔직하게 다음과 같이 인정한다.

"까오다이교는 혼합 종교이다. 유교, 도교, 불교, 기독교, 등 존재하는 종교들의 합성이다. 또한 토속적인 제사도 등한시 하지 않으며, 베트남 역사에 나오는 영웅들의 신적인 존재들도 무시하지 않는다 (Gobron 1950, 159)."

까오다이교는 그들이 아는 모든 종교의 창시자들을 성자로 만들었다: 예수, 부처, 공자, 브라마, 노자, 비슈누, 쉬바, 모하멧, 그 외에도 더 있다. 따이닌성*Tay Ninh province*에 있는 까오다이교의 독특한 성전은 관광코스이기도 한데, 건물 양식도 천주교 성당, 회교 회당, 그리고 동양적인 절의 양식이 혼합되어 있다. 정부 통계에 의하면 까오다이교 신자를 약 230만 명으로 추정하는데, 까오다이교의 지도자들은 그 통계의 두 배가 된다고 주장한다.

까오다이교처럼 주로 메콩 델타 지역에 집중되어 있는 또 다른 토착종교는 화하오교*Hoa Hao region*이다. 불교 개혁 운동의 시작인 1930년대에서 그 줄기를 찾을 수 있는데 강한 반공 사상을 가져 군사를 키우기도 하기 때문에 지금까지도 공산 정부의 불신을 받고 있다. 화하오교 신도를 정부 통계는 130만 명 정도로 추정하고 있지만 화하오교 지도자들 역시 그 통계의 두 배가 넘는다고 주장한다. 정부는 한 개 이상의 까오다이교 교파를 인정하지만 화하오교는 정부의 관리 아래 있는 한 개의 교파만 인정한다.

자, 이제부터 본론으로 들어가 보자.

CHAPTER 3

초기 천주교 선교

Alexandre de Rhodes and Early Roman Catholic Missions

"내가 여행을 하면서 유일하게 바라는 것이 있었다면 그것은 나의 선한 대장되신 예수그리스도의 영광이었고 그가 정복하는 영혼들의 유익이었다. 내가 여행했던 목적은 부를 위해서도 지식을 위해서도 아니었고 나의 즐거움을 위해서는 더욱 아니었다. 하나님의 자비를 통해 내가 구했던 보배는 예수 그리스도의 면류관의 영광이며, 성자 바울이 선포한 지식 외에 아무것도 없었다…. 많은 죄인들을 회심시켜서 천사들을 기쁘게 하는 것 이외의 쾌락은 없었다." (de Rhodes 1696, xx)

언어는 좀 기묘하지만 동기는 분명하다. 알렉산더 드 로데*Alexandre de Rhodes* 선교사는 베트남을 그리스도에게로 회심시킨다는 열정으로 가득했다. 로데 신부는 1615년 이후로 베트남에 천주교를 전하려 했던 유럽의 많은 선교사들 중에서도 매우 빛나는 인물이었다. 베트남에서 여러 번 쫓겨나면서도 그가 이룬 업적은 놀랄만하다.

16세기 중반에 포르투갈 천주교 선교사들이 베트남에서 선교 활동을 했다는 기록이 있지만 천주교 신앙이 베트남에 뿌리를 내린 것은 1615년이 되어서였다. 그 해 일본에서 쫓겨난 몇 명의 예수회Jesuit 신부들이 지금 다낭Danang 시가 있는 곳에 선교회를 세웠다. 12년 후에 로데 신부가 임명을 받아 톤낀Tonkin 즉, 지금의 북부 베트남에 두 번째 선교회를 세웠다.

언어학자인 그는 힘든 베트남어를 6개월 만에 배웠다. 그리고 그 후 3년 사이에 6,700명의 회심자에게 세례를 주었다. 그 중에는 베트남 왕족도 있었다. 그는 "믿음이 더욱 크게 성장하고…. 마귀의 방해가 없기를(ibid., 70)"이라고 메모에 썼다. 천주교를 믿음으로 인간의 존엄성을 찾은 일반인들이 왕정의 계급주의에 도전했다. 그리고 로데 신부는 베트남에서 쫓겨나 마카오Macau로 갔다. 5년 후에 그는 베트남의 남부지역으로 돌아왔다. 하지만 5년 만에 사형을 선고 받고 다시 베트남에서 추방 당했다.

로데 신부는 「8일 교리 문답지Eight Day Catechism」를 훌륭하게 만들었다. 이것을 통해 수많은 새 신자들을 천주교회로 인도했다(Phan 1998). 이 교리문답지에 담겨 있는 교리와 이야기는 지금 우리가 사용하는 전도지보다 훨씬 방대한 내용이었다. 이것과 버금가게 중요한 로데 신부의 공헌은 국어Quoc Ngu라는 훌륭한 표의문자를 고안해 낸 것이다. 그것은 이전 포르투갈 선교사들의 일을 이어받아 로마 알파벳으로 간단하게 표기하는 문자였는데 8일 교리 문답지는 이 국어와 라틴어로 함께 출판을 했다. 이것은 한자에서 유래한 쯔놈chu-nom 문자를 대신하게 되었고, 결국 베트남 국어가 되었다. 이 국어 문자의 개발 덕분에 광범위하게 문맹이 퇴치되었으며 외부의 지식들이 베트남에 들어오게 되었다.

1660년에는 이미 천주교신자의 숫자가 수십만 명으로 늘어났다. 로데 신부의 일지와 당시의 기록들을 보면 신부들의 영적 권능으로 나타난 기적, 치유, 귀신을 쫓아내는 일들이 성장에 기여한 것이 분명하다. 그들이 믿는 신들보다 더 큰 하나님의 권능을 접한 무당들과 불교 승려들이 회심을 하기도 했다. 어떤 이들은 자기 추종자들까지 다 모아 와서 교리를 배우고 세례를 받았다는 기록도 있다. 유럽에서 온 이들 신부들은 현지 교리 문답자들 또한 신적인 권능을 받아 맹인의 눈을 뜨게 하고 죽은 사람을 살리는 기적을 행할 수 있다고 믿었다.

교회가 폭발적으로 성장해도 베트남에서는 성직자를 안수하여 세울 수가 없었다. 교황이 주교를 세울 수 있는 권위를 스페인과 포르투갈에게만 주었고 그 주교만이 새로운 지역에서 신부를 안수할 수 있었던 것이다. 로데 신부가 도움에 나섰다.

> "다른 신부들은 언어를 몰랐고 설교를 할 수 있는 성직자는 나뿐이었다. 그래서 나는 건강하고 아직 결혼하지 않은 몇 명의 현지 신자들을 세워 영혼을 회심시키는 일을 돕도록 했다…. 많은 신자들이 섬기겠다고 했지만 나는 가장 능력이 있다고 생각되는 자들만 선택하여 신학교를 시작했다. 우리가 계속 선교를 할 수 있는 것은 이 일이 잘 진행되었기 때문이었다고 말할 수 있을 것이다.(ibid., 69)"

말하자면 이들이 평신도 성직자*lay clergy*의 역할을 감당한 것이다. 외국인 신부 선교사들이 지하로 숨거나 추방을 당했을 때에도 천주교회를 지켜준 것은 바로 이들 현지 평신도 성직자들이었다.

로데 신부는 1645년에 마지막으로 베트남에서 추방을 당하여 유럽으로 돌아갔다. 그가 처음 한 일은 베트남에도 주교를 세울 수 있는 길을 찾는 것이었다. 그는 새싹처럼 자라나는 베트남 천주교회에 성직자를 안수할 수 있는 체계가 만들어지지 않은 것을 안타까워했다. 그는 새로운 직분을 만드는 것으로 해답을 찾았다. '사도적 주교대리apostolic vicar' 혹은 '선교사 주교missionary bishop' 라고 불리는 직분을 만들어 지역적으로 주교관구diocese가 없는 곳이라도 성직자를 안수할 수 있는 권한을 부여하도록 했다. 이들 주교들은 곧 베트남에서 성직자를 안수했고 교회생활의 질서를 세웠다.

로데 신부는 베트남 선교의 필요성을 글과 연설을 통해 꾸준히 알렸다. 그 노력의 결과로 파리 선교사회Paris Missionary Society가 생겨나서 교구의 신부들과 유럽의 평신도들을 선교에 동원했다. 이 선교회는 1660년 천주교 선교의 중요한 파송 단체가 되었다.

핍박받는 천주교

급속히 자라는 베트남의 천주교회에 어려움이 찾아온 것은 그리 놀랄 일이 아니다. 유교적 사고방식을 가지고 있는 베트남의 관리들과 지배층은 천주교에서 혁명적인 종교를 보았다. 이 새 종교는 인간의 존엄성을 존중하고 사회의 정의를 중요시하는 원리를 가져 자신들의 현 질서를 위협한다고 느꼈다. 1742년 교황은 아시아의 모든 의식

중에 조상숭배와 연관된 예식을 모두 금지하라는 교령(敎令)을 내렸다. 사실 이 명령은 이전 창의적으로 상황화를 이루었던 초기 천주교 선교사들의 방법을 금지시키는 일이었다. 또한 베트남의 지배층은 선교사들이 베트남을 식민지화 하려는 유럽 나라들의 선두주자로 단정하고 경계하게 되었다.

그래서 이미 17세기 초부터 선교사들은 종종 추방을 당했다. 그리고 천주교인들을 향한 핍박도 17세기부터 19세기까지 끊임없이 가해졌다. 1825년에는 포고령이 내려 "유럽의 비뚤어진 종교"를 금지했다. 1833년에는 신부선교사들이 교회를 세우는 이유가 "여인들과 소녀들을 유인하고… 죽어가는 자들의 눈을 빼기 위해…"라고 더 자극적인 표현으로 모함했다. 그 후로 1833년에서 1840년, 그리고 1851년에서 1863년, 그리고 1868년에서 1888년까지 천주교인들과 선교사들을 심하게 핍박하고 살생하는 큰 환란이 있었다.

1938년 톤낀에서 순교하는 삐에르 보리에 신부

나는 1972년에 쓴 글에서 베트남 기독교인들이 당한 핍박을 요약한 바 있다. 교회 역사에 잘 알려지지는 않았지만 베트남 천주교인들이 받은 핍박은 근대 아시아 기독교인들 중에서도 가장 잔인하게 오래 끄는 것이었다.

사람들은 그들의 재산을 갈취했고 마을과 교회에 불을 질렀다. 수천 명의 천주교인들이 그들의 믿음 때문에 감옥에 갇혀야 했고 목에는 '깐구에cangue' 라는 사각으로 된 나무 멍에 형틀을 메었다. 사람들은 깐구에를 흔히 '인도차이나의 십자가cross of Indochina' 라고 했다. 사진과 같은 대나무 깐구에는 20세기 죄수들이 목에 메는 것이었는데 이전에 베트남 천주교인들이 목에 멘 나무 깐구에에 비하면 아주 가벼운 것이다. 이전의 깐구에는 10kg에서 14kg이나 나갔다. 두 조각으로 목 아래위에 채우고 자물쇠로 잠그게 되어 있었다.

천주교 신도들은 신앙을 버리도록 심한 압력을 받았다. 천주교도들이 얼마나 신앙에 대한 충성심이 강한지를 간단한 방법으로 시험했다. 나무로 된 십자가를 그저 발로 밟기만 하면 가장 심한 벌은 면제 받을 수 있었다. 그렇게 밟은 사람도 '따자오ta dao(이단이란 의미)'라는 단어와 자기가 사는 지역의 상징을 한편 뺨에 낙인찍어서 도망가지 못하도록 했다. 십자가 밟기를 거부한 자들에게는 대나무 막대기로 구타하거나 뜨거운 석탄이나 집게로 끈질기게 고문하여 믿음을 버리도록 강요했다. 무더운 여름에는 마당의 말뚝에 묶어 열대 지역의 강한 햇빛에 장시간 노출되도록 했다. 우리에 가두고 창으로 괴롭혔을 뿐 아니라 오물에 처박아 넣기도 했고, 벌레가 살을 파먹도록 놓아 두었으며, 못이 박힌 나무 판에 무릎을 꿇게도 했다.

믿음을 포기하라는 설득에 순응하지 않는 자들은 순교자의 죽음을 맞았다. 천주교 자료는 순교자의 숫자를 약 13만 명으로 잡는다. 천주교도들은 목이 졸리고, 조각조각 잘리고, 밧줄에 묶여 강에 던져졌다. 코토네이*Cothonay*는 그의 책 〈톤킨의 순교자 26명의 생애*Lives of Twenty-six Martyrs of Tonkin*(1913)〉에서 잔인하게 죽은 순교자들의 이야기를 기록했다. 성직자 프란세스 마우*Francis Mau*와 도미닉 미*Dominic My*, 재단사 토마스 데*Thomas De*, 농부 어거스틴 무아*Augustine Moi*와 스테판 빙*Stephen Vinh*의 순교 이야기를 적었다.

고문을 받으면서 보여준 이 재단사와 농부들의 열심과 용기는 교회에 다음과 같은 유익을 주었다.

> "그들과 만난 모든 사람들에게…… 고문의 두려움 속에서 믿음이 약해진 많은 천주교도에게 위로가 되었다. 그뿐 아니라 이교도인들도 천주교에 대해 더 알고 영접하기를 원했다. 감옥은 투옥된 천주교도들이 배교하는 곳이 아니라, 오히려 천주교의 지식과 세례의 은총을 이교도들에게 전하는 수단이 되었다." (ibid., 211)

신앙을 포기하지 않은 사람들은 고문을 더 많이 당하고 나서 사형을 선고 받았다:

> "예수의 종교를 따르는 악한 자들… 여러 번 훈계를 받고 벌을 받았지만 그들은 십자가를 발로 짓밟지 않았다. 그들은 즉시 교살되어야 한다…. 곧 교수형대로 향할 것이다… 모두가 하얀 가운*tunic*을 입었다… 목에는 깐구에

베트남의 순교자들과 예수와 마리아를 상징하는 그림

를 메었고, 손은 가슴위에 열십자로 묶여 있었는데 그들은 열정적으로 기도했다. 코매Co-Me 마을에 도착하자 간수 한 명이 깐구에를 잘라냈다. 순교자들은 땅에 뉘여 말뚝에 십자가에 달리듯 묶였다. 비단 밧줄을 그들의 목에 감았다. 관료의 신호에 집행자가 거세게 줄을 잡아당겨 복된 순교자들Blessed Martyrs은 예수의 이름을 부르며 숨을 거두었다." (ibid., 219-20)

그들은 마치 히브리서 11:35-40절 말씀이나 로마시대의 핍박과도 같은 경험을 한 것이었다. 1988년 6월 19일에 교황 요한 바오로 2세John Paul II는 117명의 순교자들을 성자로 공식 추대하였는데 이들 가운데 96명이 베트남인 신부와 평신도 천주교인이었고, 나머지 21명만이 서양 신부 선교사들이었다. 이 로마교황의 행사는 베트남 공산당 지도자들의 심기를 불편하게 만들었다.

천주교 : 식민지 시대

천주교회가 세워진 지 오랜 후인 1860년대에 들어서 불행하게도 교회와 프랑스 정부 간에 비밀리에 베트남을 포함한 인도차이나 반도를 식민지화 하려는 협정이 맺어졌다. 이미 두 세기가 지난 베트남 천주교회는 계속 성장했고 학교를 통해 베트남 사회에 매우 긍정적인 영향을 미치고 있었다.

1954년 제네바조약으로 베트남이 위도 17도선에서 둘로 나누어지자 남부 베트남에서는 천주교회가 반공산주의의 중심이 되었다. 월남의 첫 대통령인 응오딩디엠*Ngo Dinh Diem* 대통령은 절실한 천주교 신자였다. 그의 행정부와 군대는 천주교도들을 옹호했다. 형수인 마담누*Madame Nhu* 여사는 결혼하지 않은 디엠 대통령의 영부인 역할을 했다. 그녀는 월남에 천주교적 가치관을 심으려고 노력했다.

이러한 정책은 불교계의 반발과 대형 반정부 시위를 유발했고, 스님들이 자신들을 분신하는 사건들로 그 절정에 달했다. 1960년과 1962년에 정부를 전복하려는 시도가 실패로 돌아갔지만, 결국 1963년 군부에서 디엠대통령을 몰아냈고 디엠은 암살되었다.[주8)]

이 비극적인 사건들을 통해 천주교회는 월남정부와 정치적인 결탁에서 자유롭게 되었다고 할 수 있다. 하지만 천주교의 공산주의에 대한 반감은 가시지 않았다. 이러한 역사적인 사건 때문에 현 베트남 정권은 아직도 천주교회를 의심의 눈초리로 바라보고 있다.

[주8)] 저자는 미국의 암묵이 있었다고 기록한다.

천주교 : 1975년 이후

1975년 전쟁이 공산주의자들의 승리로 끝나며 남쪽의 천주교회는 그들의 교육기관, 의료기관 그리고 사회 봉사 기관 등의 시설을 모두 빼앗기게 되었다. 하지만 모든 것을 잃은 것은 아니었다. 저자는

1986년 한 캐나다 교회의 베트남 방문 팀에 섞여 고아원을 방문한 적이 있다. 호치민시에서 멀리 떨어지지 않은 투득*Thu Duc* 마을의 정부 관리가 운영하는 곳이었다. 그곳 보모들의 평온한 얼굴과 행동들을 보며 나는 그들이 수녀일 것이라고 짐작했다. 우리 그룹을 안내하던 한 여인과 건물의 모퉁이를 돌아 다른 사람들의 눈에 띠지 않게 되었을 때 나는 목에 걸고 있는 금 십자가를 내어 보여주었다. 그녀는 미소를 지으며 나에게 십자가 사인을 보내주었다.

공산 정부는 1975년 전쟁의 승리 이후에 "애국적인*patriotic*" 천주교회를 만들려는 책략을 썼다. 수천 명의 신부들 가운데 자신들의 뜻에 동조하는 수명의 신부들을 선정하여 그들이 전체 천주교회를 대표하는 것처럼 이용했다. 외국에서 방문하는 사절단들은 베트남 천주교를 대표하는 이들 신부들을 면담했다. 하지만 베트남 상황을 전혀 모르는 사람들을 제외하고는 이들이 베트남의 천주교를 올바로 대변하지 못하고 있음을 금방 알아차릴 수 있었다.

천주교회의 대응은 일반적으로 충돌을 피하고 조용히 신앙생활에 전념하는 것이었다. 하지만 한편으로는 스데반 찬띤*Steven Chan Tin* 신부와 타데오스 누엔반리*Thaddeus Nguyen Van Ly* 신부처럼 종교 탄압에 용기있게 대응하여 지하문서 출간 등 반정부 활동을 벌이는 이들도 있다. 주교의회*Council of Bishops*는 묵비로 그들을 후원하였다. 리 신부는 여러 번 형을 받고 감옥에 갇혔는데, 현재 그는 "건강상의 이유"로 가석방 되어 있다. 2007년 이후로 천주교회는 종교의 자유가 늘어나는 것을 감지하며 오랫동안 압류되었던 각 지역의 재산들을 찾아

보려는 노력을 벌였다. 한번은 2008년 초에 수천 명의 천주교신자들이 촛불을 들고 구 로마교황청 대사관과 타이하 리뎀토리스트*Thai Ha Redemptorist* 건물 앞에서 기도 시위를 벌였다. 정부관계자들은 초기에 건물소유권 협상을 하겠다고 구두약속을 했는데, 2008년 9월 19일, 다른 대답이 전달되었다. 그날 밤새도록 불도저로 건물들을 부수고 땅을 갈아 이틀 만에 그 땅을 공원으로 만들어 버린 것이다! 한 신부는 베트남은 [세계에서] 가장 빨리 공원을 완성한 일로 기네스북에 올라가야 할 것이라고 정부의 대응을 비꼬았다.

천주교도들의 기도 시위가 국제사회에 알려지자 관계 당국은 교회 재산을 공원으로 만들어 버렸다. 그러나 이것은 바라던 승리가 아니었다. 사실 고위층에서는 이 비싼 땅을 팔아서 개인적으로 이익을 취하려던 속셈이 있었기 때문이었다. 자기들이 바라던 이익을 얻지 못하게 되자 당국은 남겨진 예배당의 천주교 성물들을 건달을 시켜 파손하는 것으로 보복했다. 또한 국영 방송과 신문은 이 문제를 부각하여 천주교회를 맹렬히 비난했다. 특히 하노이 대주교 조셉 응오반끼엣 신부가 종교의 자유는 창조자가 주신 기본적인 인간의 권리라고 주장하자 정부는 중점적으로 그를 비난하며 천주교회에게 끼엣 대주교를 해임할 것을 요구했다. 2010년 6월에 당시 57세인 끼엣 대주교가 모호하게 사임을 했다. 그리고 정부의 허락을 받은 주교 피에르 누엔반논*Nguyen Van Nhon*(72세) 신부가 대주교로 임명되었다. 많은 천주교도들은 의아해 했지만 끼엣 신부는 "건강의 문제"로 자신이 사임했다고 말했다. 의혹을 더 깊게 한 것은 정부가 끼엣 대주교의 사임을 통해 바티칸 교황청과의 관계를 개선하고 비거주 바티칸 대사를 싱가포르에 두는 것을 인정한 것이었다. 2009년 또 하나의 사건이 주목을 끌었다. 중부 베트남의 꽝빙성*Quang Binh province*의 땀또아*Tam Toa* 천주교회가 재산의 소유권을 주장하며 데모시위를 벌였다. 남부 빙롱*Vinh Long* 시의 한 수도원(*Sisters of St. Paul Charters*)을 파손한 사건과 연관된 시위였다. 데모대 중에는 모두가 꺼려하는 에이즈 환자를 돌보던 수녀들도 있었다. 천주교회는 또한 신학생을 선정하는 과정과 졸업한 신부들의 배정을 정부가 간섭하는 일에 정식으로 항의를 했다.

2007년 1월에는 베트남과 교황청의 고위층 회담을 위해서 누엔떤중*Nguyen Tan Dung* 수상이 로마 교황청을 방문했다. 그리고 2009년에는 누엔밍찌엣*Nguyen Minh Triet* 주석이 로마에 가서 교황을 접견했다. 이러한 방문을 보고 50년 간 끊어진 교황청과의 외교관계가 회복되는 것이 아닌가 하는 예측들이 나왔다. 하지만 위에서 언급한 일들을 보면 베트남 정부가 아직은 관계를 회복할 의도가 없음을 보여준다.

이러한 모든 일에도 불구하고 베트남의 천주교회는 현재 8백만의 신도가 있고 계속 포교에 힘쓰며 성장하고 있다. 오랜 역사와 큰 규모, 그리고 표방하고 있는 가치관 때문에 천주교회는 앞으로도 계속해서 그 모든 움직임에 대해서 철저히 감시를 받을 것이다.

CHAPTER 4

개신교의 출현

The Coming of the Protestants

세상의 구석진 한 모퉁이에서

개신교회는 천주교회가 베트남에 들어온 지 3백년이 지난 후에야 들어왔다. 알렉산더 드 로데 신부는 17세기에 화란과 영국 개신교인을 만났는데 그들에 대해서 "두 사람 모두 이교도들을 포교하려는 마음이 없는 듯하다. 예수 그리스도를 전하려는 사랑이 없어 보인다." 라고 평가했다 (de Rhodes 1966, 193).

개혁된 개신교회마저 적대감으로 바라본 경건주의 운동*pietist movement*과 18세기의 대각성*Evangelical Awakening*운동[역주)]을 통해 개신교회가 선교에 관심을 가지게 되었다. 19세기는 개신교 선교의 "위대한 세기*Great Century*" 라 불린다. 19세기에 개신교회는 세계의 거의 모든 주요 지역에 선교사를 파송했다. 그런데 프랑스 인도차이나*French Indochina* 반도-지금의 베트남, 라오스, 그리고 캄보디아-는 그 중에서 제외되었다.

[역주)] 미국에서 있었던 각성운동을 대각성*Great Awakening* 운동이라 불렀고, 같은 시대에 영국에서 있었던 각성운동을 복음주의각성*Evangelical Awakening* 운동이라 불렀다. 여기서 저자는 영국의 흐름을 이야기한다.

1887년 캐나다의 심슨A.B. Simpson 목사는 그의 선교저널 〈Word, Work and World말씀, 사역, 그리고 세계〉에 이렇게 썼다. "동남쪽 아시아의 반도가 너무 소외되어 있다. 큰 안남 왕국에 그리스도가 전해져야 한다. 그곳이 왜 하나님의 사람들이 새롭게 "공격"하는 첫 필드가… 될 수 없을까?(Reimer 1972, 20)" 심슨 목사는 후에 '기독교 선교사회(C&MA) 를 설립했다. 결국, 19세기의 마지막 10년을 남기고 첫 개신교 선교사들이 베트남 땅을 밟게 된 것이다.

심슨A. B. Simpson 선교사

개척자들 The Pioneers

처음으로 베트남에 들어 온 선교사는 영국 해외 성서공회(BFBS British and Foreign Bible Society)의 일원이었다. 그는 프랑스 시민이었던 것 같다. 1890년에 성경의 일부가 처음으로 베트남어로 번역되었는데 그 쪽복음에 "보넷Bonnet"이란 이름이 쓰여 있었다. BFBS 성서공회의 사역자들은 주로 중국어로 된 성경의 쪽복음들을 배포하고 그리스도의 생애를 슬라이드로 보여주었다. 이들은 교회는 시작하지 않았다.

C&MA는 1911년 BFBS 성서공회의 보넷 선교사를 통해서 베트남에 들어왔다고 할 수 있다. 중국 남부지역에 기지를 두었던 C&MA

제프리R. A. Jaffrey 선교사

는 1890년대에 지금의 북부 베트남인 톤낀Tonkin을 방문하여 문을 두드리기 시작했다. 그러나 여러 가지 장애물 때문에 1911년까지 베트남에 선교회를 세우지 못하고 있었다. 1911년 드디어 장애물들이 사라졌다. 보넷 선교사의 초청에 응하여 C&MA의 알에이 제프리R. A Jaffray가 토레인Tourane(현 다낭)에 선교팀을 이끌고 도착했다. 하노이로 옮겨가길 원했던 보넷은 BFBS성서공회의 준수한 건물과 기반시설을 C&MA에 넘겼다. 그리고 C&MA의 폴 호슬러Paul Hosler 부부가 1911년 말 다낭에 도착했다.

초기 C&MA의 선교방향은 주로 제프리에 의해 설정되었다. 캐나다 신문사 거물 가정에서 유복하게 자라난 아들이 아시아 선교를 위해 삶을 바치기로 결정한 일은 실망스러운 일이었다. 그는 처음 중국 남부에서 선교했는데, 중국 성서 잡지 출판으로 그의 사역이 잘 알려져 있었다. 제프리는 그 후 1923년까지 새로 시작된 베트남 선교의 리더십을 맡았다.

제프리는 중국에서 선교한 경험을 가지고 베트남 선교 전략에 반영하였다. 그는 베트남에서는 선교사들이 중국에서 실수했다고 생각되던 재정 정책을 반복하지 않기를 원했다. 그 당시 식민지 시대에서는-아니 오늘날도- "원주민"은 너무 가난해서 현지교회가 자립할 수 없다고 생각하기가 일쑤였다. 그것은 현지교회들이 선교사들의 돈에 의존하여 스스로 성장할 수 있는 능력이 제한된다는 의미였다. 그 당

제프리D. I. Jaffrey 선교사

시 선교학자인 헨리 벤Henry Venn과 루퍼스 앤더슨Rufus Anderson의 용어로 '자립self-supporting, 자치self-governing, 자전self-propagating' 하는 것이 더 좋은 정책이라고 제프리 선교사는 믿었다.

1918년에 베트남에 온 D. I. 제프리D. I. Jeffrey(R. A. 제프리가 아님)는 C&MA가 초기에 어떻게 베트남 선교에 접근했는가를 잘 요약했다. 그는 1963년에 쓴 회고록에서 당시 막 시작한 선교회의 종합 기본 계획을 이렇게 기록했다.

> "제도적인 일도 자리를 잡아야겠지만, 우선적인 강조는 토착화된 교회의 개척과 성장에 두어야 한다. 직접적으로 복음적인 말씀을 선포하고 현지어로 성경번역을 하며 성경학교를 세워 현지목사와 전도자들을 훈련하는 것이 시작되고 지속되어야 한다. 기독교문서 출판도 강조되어야 한다."주9)

주9) 출판되지 않은 D. I. 제프리 선교사의 회고록에서 발췌했다.

1916년 하이퐁에서, (왼쪽부터)
캣만, 알에이 제프리, 러셀 선교사부부

1912년 결혼한
호슬러 선교사부부

이 일은 1911년에 선교사 한 사람이 베트남에 거주하면서부터 시작되었다. 1915년에 9명으로 숫자가 늘어났지만 곧 퇴보가 있었다. 1차 세계대전이 일어나자 베트남을 점령 중이던 프랑스는 독일계 이름을 가진 C&MA의 호슬러*Hosler*, 하젠버그*Hazenberg*, 그리고 모간텔러*Morganthaler*들의 선교 활동을 금지시켰다. 이제 선교사의 수가 5명으로 줄었다. 하지만 전쟁이 끝나고 3년이 지난 후인 1921년에 선교사의 숫자는 다시 22명으로 늘어났다. 제프리가 세웠던 정책은 C&MA 선교사들이 1916년에는 북쪽 하노이, 1918년에는 남쪽 사이공을 거점으로 삼아 거주하면서 길고 좁은 베트남 반도 전역으로 흩어지는 것이었다. 초기 선교사들은 모두 프랑스 식민지 관리들과 개신교를 이단으로 생각하는 로마 가톨릭 신부들의 노골적인 적개심을 극복해야 했다. 그런데 제프리는 1916년에 탁월한 외교적 능력으로 하노이의 프랑스 총독에게서 프랑스 소유지 내에서는 전면적으로 선교 활동을 해도 좋다는 허락을 받아 내었다.

PEN PICTURES
OF ANNAM AND
ITS PEOPLE

GRACE HAZENBERG CADMAN, M. A.
HANOI, TONKIN
FRENCH INDO-CHINA

Published by
THE CHRISTIAN ALLIANCE PUBLISHING CO.
New York, U. S. A.
1920.

초기 C&MA의 대단한 이야기가 그레이스 하젠버그 캣만*Grace Hazenburg Cadman*이 쓴 「펜으로 그린 안남과 안남사람들(1920)」에 잘 기록되어 있다. 이 책은 당시 개척 선교사들의 성과와 좌절 등을 선명하고 기교 있게 잘 묘사하고 있다. 이 책에는 초기 선교의 사진과 베트남 사람들은 물론 식민지 풍 건물 등의 풍경을 그린 삽화도 담고 있다. 그레이스 하젠버그는 미국인 선교사 자녀출신으로 부모님이 선교하던 남아프리카 공화국에서 태어났다. 그리고 그녀는 후에 남편이 된 윌리암 캣만William Cadman을 베트남에서 만났다. 윌리암 캣만William C. Cadman 선교사는 영국계 캐나다인으로 인쇄업자였다. 그는 1920년에 현대적인 인쇄기를 하노이에 들여와 질 높은 기독교 문서들을 출판하기 시작했다. 문서사역은 C&MA의 중요한 전략사업 중 하나였다. 1927년에 이 복음 출판사Evangelical Press는 캣만 선교사의 책임 하에 일 년에 5백만 장의 출판물을 인쇄해 내는 사업으로 발전했다.

1916년 캣만 부부는 성경을 베트남어로 번역하기 시작했다. 그레이스 선교사는 히브리어와 헬라어를 전공하여 석사학위를 가지고 있었다. BFBS 성서공회의 주선으로 베트남 현대 시인이었던 판코이Phan Khoi씨의 도움을 받아 문학적으로도 좋은 번역을 할 수 있었다. 드디어 베트남어 첫 성경이 하노이의 출판사에서 1926년 인쇄되었다. 근래에 몇 가지 다른 성경번역본들이 출판되었지만, 1926년 번역본은 지금까지도 대부분의 베트남 기독교인들 사이에 애용되는 성경으로 남아있다.

1926년 집회에서
베트남 성경을 들고 있는 캣만 부부

베트남 땅에 첫 발을 들인지 15년 내에 성경전서의 질 좋은 번역을 훌륭하게 완성했다는 것은 선교적으로 놀라운 성과라고 하지 않을 수 없다. 물

주10) 1984년, 저자는 디 아이 제프리 선교사로부터 캣만 선교사가 사용했던 베트남어-라틴어역 성경 전권을 물려받았다.

론 캣만 부부는 천주교에서 출간한 베트남어-라틴어역 로마 천주교 성서를 인용할 수 있었다. 이 성경은 파리선교회가 4권의 전집으로 1913년에서 1916년까지 출판한 것인데, 이것은 첫 천주교 선교사가 베트남에 온지 300년이 지난 후에 이루어 진 것이다.[주10] 캣만 부부는 1943년 일본의 침략 당시 억류되었고 제2차 세계대전이 끝날 때까지 베트남에 남아 있었다. 베트남 선교사로 큰 업적을 남긴 이들 부부는 베트남에 묻혔다. 그레이스는 1946년 잠들었고, 윌리암은 3년 후에 세상을 떠났다. 그들의 외동딸 아그네스는 6살 때 소아마비에 걸려 얼마 살지 못하고 죽음을 맞이하여 하노이에 묻혔다.

교회의 출현

첫 예배당이 1913년 다낭에 세워졌다. 그리고 1920년에는 이 교회의 성도가 104명으로 성장했다. 1917년 선교보고에 의하면 처음

1917년, 토레인Tourane 교회의 선교사들과 성도들

교회 멤버들은 신분이 다양했다.

주일학교에 나오는 몇 명의 어린 소년들은… 부모님들의 불만에도 불구하고 주님을 따르기로 결단했다. 회중 가운데는 어머니와 딸, 학생반의 여러 명의 남자들, 왕족 두 명, 철도엔지니어, 그리고 유교학자였던 현지인 설교자가 있었다(ibid., 32).

하노이에서는 복음의 반응이 느렸다. 4년이 지난 1921년에 세례를 받은 신자가 17명 있었다. 바로 그 해 남쪽의 사이공에 작은 교회가 개척되었다. 선교사들은 교회의 중요한 기반을 다지기 위해 꼭 필요하다고 믿는 부분에 일치된 생각을 가졌다. 그것은 베트남 목사를 세우는 일이었다. 1919년 다낭에서 처음으로 4명의 학생으로 신학 훈련을 시작했다. 1921년에는 조직을 강화하여 9명의 학생을 마굿간을 개조하여 만든 다낭 센터 안의 건물에서 훈련하기 시작했다.

어느 모로 보나 이들 초기 C&MA 선교사들이 이룬 첫 10년 간의 성과는 매우 훌륭하다. 1921년에는 총 22명의 선교사들이 천 마일

1930년 깐토*Can Tho* 지역, 배를 타고 복음을 전하러 다니던 잭슨*Jackson*과 페리*Ferry* 선교사부부

이 넘게 뻗어있는 프랑스령 인도차이나에 흩어져 다섯 지역에서 선교했고, 그들에게는 베트남의 세 중심지에 핵심적인 세례교인들이 있었다. 성경번역이 시작되었고, 목사를 훈련하는 학교도 시작되었으며, 현대적인 인쇄소가 하노이에 설치되어 운영되고 있었다.

제프리 선교사는 인도네시아에 C&MA 선교를 새롭게 시작한 1923년보다 1년 전에 뉴욕의 선교회 지도자들에게 하나님께서 인도차이나에 크게 임하고 계시다고 예언적인 보고를 한 적이 있었다. 그런데 그 예언적인 보고가 현실화 된 것이었다! 1921년부터 1940년까지 20년 동안 베트남 선교사들은 2만 명이 넘는 신자들에게 세례를 베풀었고 자립된 교회들이 많이 일어났다. 또한 이 기간의 절정을 이룬 사건은 처음으로 베트남인 선교사들을 소수부족이 사는 산지로 파송한 일이었다.

세 지역 ; 톤낀 Tonkin, **안남** Annam, **코친차이나** Cochinchina

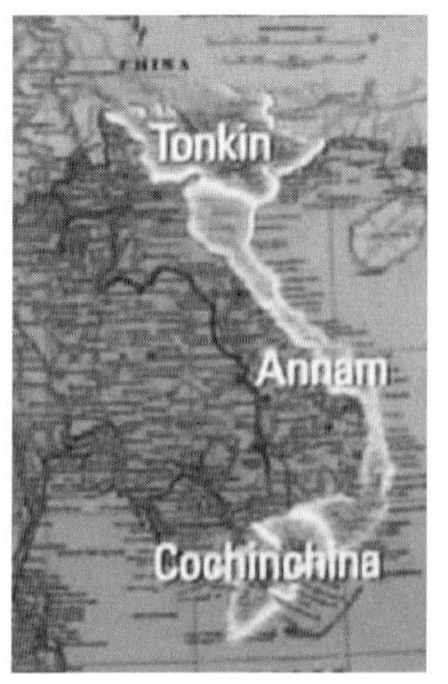

지금 베트남 사회주의공화국이라고 부르는 이 나라의 교회 성장은 북부의 톤낀, 중부의 안남, 그리고 남부의 코친차이나라고 불리는 지역에 따라서 각각 큰 차이를 보였다. 성경 말씀에 비유하여 말한다면 남쪽의 교회는 100배, 중부지역은 60배, 북부지역은 30배의 성장이 있었다.

이러한 교회 성장의 차이에 영향을 미친 이유를 한 가지 든다면 그것은 프랑스가 이 세 지역에 각각 다른 정책을 폈고, 종교와 선교의 자유도 지역마다 차이가 있었기 때문이었다. 1916년 프랑스 식민정부는 C&MA에 프랑스가 다스리는 지역 안에서만 선교하도록 허가하였다. 당시 남부의 코친차이나 지역은 전부 프랑스의 소유로 간주됐다. 하지만 중부의 안남지역은 토레인시만, 그리고 북부 톤낀 지역은 하이퐁*Haiphong*과 하노이*Hanoi* 시만 프랑스의 소유로 여기고 있었다. 그래서 남부 코친차이나에는 온 지역에 선교사들의 접근이 가능했지만, 중부와 북부지역은 제한이 있었던 것이다.

또한 1928년에는 중부 안남지역에 복음 전파를 견제하는 엄한 조치가 취해졌다. 전도자와 종교 서적 행상인은 벌금을 내거나 투옥되기도 했고, 기독교인들의 집을 수색하여 성경을 압수하거나, 천주교로 개종하던지 아니면 벌을 받든지 하라는 최후통첩을 하기도 했다. 1928년 선교잡지에 나온 아래 내용과 같은 벽보가 예배당 문, 시장, 그리고 베트남어 신문에 붙었다(ibid., 51).

공문 Public Notice

바오다이*Bao Dai* 왕의 통치 삼 년 첫 달 넷째 날에 왕실은 자기 종교를 안남 지역에서 전파할 수 있는 종교는 오직 로마천주교뿐이라고 결정되었음을 알린다. 그 외 다른 모든 종교는 절대 금지하며, 단지 안남 사람들이 예부터 지금까지 따라온 종교, 즉 그들의 일반 풍습은 금지하지 않는다. 다른 미신들: 기독교와 까오다이교는 절대 금지한다. 누구든 이 조치를 따르지 않는 자들은 벌을 받을 것이다. 나짱*Nhatrang*, 1928년, 3월2일.

중부지역의 개신교 목사 판딩리우Phan Dinh Lieu가 투옥되어 길거리 청소를 해야 했던 일은 널리 알려져 있다. 하노이에 있던 프랑스 개신교회의 칼라스Calas 목사는 소식을 듣고 현지 개신교에 대한 이 수치스러운 대우에 항의하여 하노이에 있던 프랑스 총독과 파리의 국민회의에 항소했다. 당황한 프랑스 정부는 당장 정책을 바꾸면서 안남의 황제에게 1884년의 조약을 새롭게 해석하도록 종용했다.

1935년에야 개신교에 대한 모든 통제는 천주교가 강했던 북부의 톤낀 지역에서도 중지되었다. 선교사들은 이제야 종교의 자유가 왔다고 간주했다. 선교사들은 중부와 북부 베트남에서 교회 성장이 늦었던 주된 이유가 초기에 종교를 통제했기 때문이라고 했다.

복음을 받지 않는 원인에는 정치적인 요소 이외에 문화적 수용성의 문제도 있었다. 특별히 조상숭배는 그 뿌리가 북부지역에 있었다. 1927년의 한 선교보고에 의하면 "톤낀 사람들은 자신들의 종교와 풍습과 가족관계를 가장 끈질기게 붙들고 있다.-오직 하나님의 권능만이 이것들을 끊을 수 있을 것이다(ibid., 54)."라고 했다.

베트남인들은 수세기에 걸쳐 남쪽으로 이주하면서 자신들의 전통적인 신앙과 풍습에 대한 애착이 줄어들었고 기독교 복음을 포함한 전통적이지 않은 종교와 새로운 것들에 마음이 더 열리게 되었다. 또한 경제적으로도 남쪽이 북쪽보다 더 여유가 있어서 목회자를 지원하고 교회를 세우는 일들을 북부 교회보다 잘했다. 남부지역에서는 가족 단위로 개종하는 일이 많았다. 이것은 서구적 개념으로 한 사람 한 사람 개종하는 모습과는 달랐다. 이것이 베트남 복음화에 아주 중요했던 이유는 가족의 반대가 복음을 받아들이는 것에 사회적, 문화적으로 가장 큰 방해요소였기 때문이었다.

조상숭배와 연관된 신앙과 풍습은 이전은 물론 지금도 기독교 회심에 큰 장애물이다. 초기선교사들은 조상신들을 숭배하는 것의 이단적인 요소를 잘 지적하기는 했지만 부모와 조상들을 존경하고 공경하는 긍정적인 요소가 기독교신앙과도 잘 맞는 가치임을 인식하지 못했다. 그래서 초기 베트남의 개신교는 때론 '조상을 버리는 종교*dao bo ong ba*'라는 별칭을 듣기도 했다. 이것은 불필요한 복음의 장애물이었다.

그럼에도 불구하고, 특별히 남부지역의 교회는 계속 성장했다. 특히 1925년에서 1932년까지 성장은 주목할 만하다. 1925년 미토*Mytho*에서 약 940명의 사람이 세례를 받았고, 12개의 교회가 새로 개척되었다. 주로 복음은 가족 중심으로 전파되었다. 사람들은 먼저 가족들에게 복음을 전했다. 숙련공과 상인들도 일터에서 자신들의 신앙을 증거했다. 교인들은 전도자들과 선교사들을 도와 새 교회를 개

1934년 톤낀 집회

척했다. 회심자들은 자신들의 땅을 무상으로 기부하여 교회 건물을 세웠다. 또한 어떤 이들은 병을 치유하는 그리스도의 능력을 보고 기독교 신앙에 끌렸다. 새 믿음 안에서 그들은 어둠의 권세에서 자유로움을 얻었고 미신적 신앙의 두려움에서 풀려났다. 귀신과 영을 쫓아내는 치유가 수시로 일어났고, 전도자 뿐 아니라 일반 성도들 간에도 치유의 역사가 일어났다. 아편의 중독에서 사람들이 풀려나고, 무당이 회심하여 전도자가 되기도 했다. 여러 면에서 신약시대 초대교회의 역사가 일어났다. 비록 남부보다는 느렸지만, 중부와 북부지역의 교회도 성장했다. 1929년에 이미 베트남 전국의 교회는 베트남 복음주의 교회로 하나가 되었다.

1930_Thanh Hoa Church R.M. Jackson, Rev. and Mrs. Duong Tu Ap

하나님이 주신 부흥

1936년 다낭의 성경학교에서 4명의 학생들이 부흥을 위해 간절히 기도를 시작했다. 이 기도는 전 학생이 참여하는 기도 모임으로 확산되었고, 그 후 2년 간 지속되었다. 다가오는 전쟁과 시련을 대비라도 하듯이 하나님께서는 베트남 교회에 크게 임하셔서 1938년 대 부흥을 주셨다.

그때 하나님께서 사용하신 도구는 중국의 부흥사 존 성*John Sung* 목사였다. 미국에서 공부한 중국인 부흥사 성은 자기의 사역 대상을 기독교인들에게 맞추었다. 그는 빙롱*Vinh Long*, 사이공, 그리고 다낭 교회들에서 매일 아침과 오후와 저녁에 각각 3시간씩의 일주일 동안 집회를 인도했다. 통역들은 지쳐 떨어졌고 사람들은 모두 그의 체력에 감탄했다.

속마음을 잘 드러내지 않는 베트남 사람들은 성 목사의 열광적인 스타일에 잘 적응하지 못하는 듯 보였다. 하지만 성령이 임했다. 그 결과 하나님의 능력이 부어져서 당신의 백성들을 정화시키고 새롭게 했다. 교회의 지도자들과 성도들은 모두 자신의 죄를 깊이 깨달았다. 배상이 이루어졌고 많은 관계가 회복되었다. 성 목사의 강한 설교가 신자들의 삶 속에 남아있던 미신적인 신앙과 생활의 잔여물들을 깨끗이 태웠다. 선교사들도 그때처럼 강한 영적인 권능을 경험하지 못했다고 보고했다. 그 후, 베트남의 신자들 가운데 전도를 위한 열심이 새롭게 일어났다.

여러 해 동안, 목사와 성도들은 성 목사의 불처럼 타는 메시지와 영적인 능력이 자신들의 신앙생활에 전환점이 되었다고 기억했다.

CHAPTER 5

세 차례 전쟁을 겪은 개신교회

The Protestant Church during Three Wars

베트남은 1941년에 일본제국에 점령당했다. 그 후에 1945년에서 1954년까지 프랑스 식민 치하에서 독립전쟁을 치러야 했다. 그리고 위도 17도선에서 남북의 분단으로 끝난 1954년의 전쟁 이후로 지속된 10년간의 남북 전쟁은 타국들의 개입으로 큰 전쟁이 되었다. 결국 1975년 월남이 패망하고 공산주의로 통일이 되었다. 베트남은 거의 멈추지 않고 35년 동안 전쟁 속에 있었다고 말할 수도 있을 것이다. 과연 교회는 어떻게 이 큰 소동과 황폐함에서 살아남았을까?

1941년 사이공에 들어오는 일본군대

일본의 점령 (1941-1945)

일본은 1941년 중순쯤 베트남을 침략하고 점령하여 일본의 "동아시아 협력 번성지구*Greater East Asia Cooperative Prosperity Sphere*"로 만들었다. 물론 베트남인들에게 이것은 "황폐 지구*devastation sphere*"였다.

먼저 일본은 모든 외국인들의 선교 활동을 전면 중단하라고 명령하고 남부 베트남의 선교사들을 모두 중부 달랏*Dalat*으로 모이게 했다. 1943년 이들 선교사들과 2차 대전 시 미국의 캠프에 감금되었던 미주 일본인 교포들과의 포로 교환이 베트남 남부 미토*Mytho*에서 이루어졌다. 인질로 잡혀있던 선교사들에게 몇몇 용감한 베트남 교인들이 필요한 것들을 공급해주어 크게 위로가 되기도 했다.

그러면 교회는 어떻게 살아남았는가? 특히 더 가난했던 북쪽의 교인들이 제일 고난을 많이 당했다. 한때는 57개나 되던 교회 중에 11군데가 문을 닫았다. 남쪽에서는 어떻게든 교회의 문을 닫는 것은 막을 수 있었다. 선교사들의 도움이 중단되자, 형편이 좀 나은 남쪽의 교회들은 어려운 북쪽의 동역자들을 기쁜 마음으로 너그럽게 후원했다.

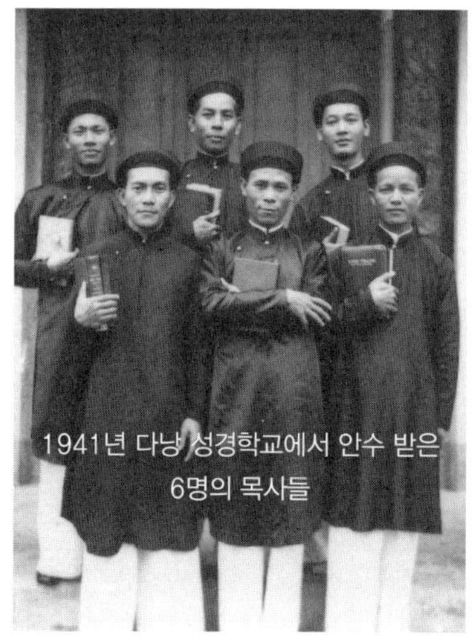
1941년 다낭 성경학교에서 안수 받은 6명의 목사들

당시 총회장 레반타이*Le Van Thai* 목사는 꿈에서 본 비전을 따라서 남부의 교회들을 돌며 사랑의 헌물들을 네 대의 트럭에 가득 싣고 북쪽으로 가서 그곳 교회들에게 전해 주었다. 그리하여 그들이 사역을 재개할 수 있도록 도왔다.

1944년과 1945년 베트남에 큰 가뭄이 들어서 교회도 온 백성들과 함께 심하게 고생했다. 가뭄의 고통을 가중시킨 것은 일본군이 그나마도 부족한 쌀을 가져가고, 전쟁으로 인해 철로와 찻길이 파괴되어 남부와 중부의 물건들을 북부로 운송하기가 어려웠기 때문이었다.

제2차 세계대전 중 일본군의 베트남 점령으로 선교사들의 도움이 끊어졌지만 "어린" 베트남 교회는 놀랍게도 성숙한 모습을 보여줬다. 이 기간 동안 남쪽의 교회는 안정되게 성장했으며 조직적으로도 더 든든해졌다. 하지만 새로운 위기가 기다리고 있었다. 전쟁이 끝나가며 독립이 현실화 되자 "민족주의"의 불길이 일어나기 시작했다. 1945년부터 시작되었던 독립을 위한 투쟁이 실질적으로 일본의 침략과 통치보다도 더 좋지 않은 결과를 가져 온 것은 아닐까?

독립 전쟁 (1945-1954)

독립운동의 리더였던 호치민은[주11)] 2차 대전 후 일본이 패망하고 프랑스가 약해진 틈을 타서 그 공백을 재빠르게 메꾸려 했다. 그는 1945년 9월2일 베트남 민주 공화국*Democratic Republic of Vietnam*을 선언했다. 하지만 불행하게도 연합전선이 서두르자 프랑스는 다시 인도차

[주11)] 미국학자 윌리암 두이커*William J. Duiker* 박사는 20세기의 뛰어난 지도자 호치민의 전기를 출판하였다. 「호치민」(2000년). 호치민 주석은 1969년 죽기 전 자신을 화장하여 강에 뿌려달라고 유서를 남겼지만, 그의 추종자들은 그의 시신을 베이징의 마오쩌뚱과 모스크바의 브라디미어 레닌처럼 박물관에 전시하고 있다.

이나에서 자신들의 이전 영광을 거머쥐려 했다. 프랑스 연합 내에서 자유를 주겠다던 약속은 프랑스가 하이퐁을 폭격하여 시민 6천 명을 죽임으로 물거품이 되었다. 독립을 향한 투쟁이 새롭게 시작되었다. 그 후 8년 간 잔혹한 전쟁이 이어져서 그러지 않아도 어려운 베트남 경제를 산산이 파괴했다. 프랑스와 월맹군*Viet Minh*(역주; 독립군이 자신들을 지칭한 이름) 간의 싸움은 결국 1954년에 디엔비엔푸*Dien Bien Phu* 전투에서 사기가 떨어진 프랑스의 항복으로 종말을 짓게 되었다. 제네바 회의에서 바오다이*Bao Dai* 베트남 국왕과 호치민은 모두 자기가 베트남의 대변자라고 나섰다. 하지만 강대국들은 베트남을 위도 17도 선에서 분할하기로 하고 대신 앞으로 평화적인 통일을 위해 준비하는 것으로 결정을 내렸다.

복음 성회(ECVN)도 전쟁으로 인해 큰 좌절을 겪었다. 매년 평균 700여명의 세례교인이 생겼지만, 1942년에서 1952년 사이에 복음 성회는 약 8천명의 세례교인을 잃었다. 전쟁의 혼돈 속에서 수많은 사람들이 사라졌다. 교인들이 죽고 흩어지기도 했지만, "민족주의"의 부상으로 신앙을 버리는 경우도 생겼다. 민족주의자들은 기독교인들에게 월맹과 동조하여 제국주의 침략자와 싸울 것을 강요했고, 어떤 이들은 정말 자원하는 마음으로 "민족주의" 편에 섰다. 많은 교회 건물들이 파괴되었는데 특히 북부가 심했다. 남쪽은 까오다이교와 화하오교가 자기들만의 이유 때문에 싸움에 끼어들면서 무법과 무질서가 난무했다. 복음성회는 독립전쟁에 대해 중립적인 입장을 표명했다. 1946년 베트남 민주 공화국이 선포되고 얼마 지나지 않아 복음 성회

총회장이었던 레반타이 목사가 호치민 주석과 면담을 가졌다. 혁명정부의 리더로 아직 베일에 싸였던 호치민 주석은 복음성회가 자신의 정부에 동조하기를 권했다. 타이목사는 교회는 정치적인 문제에 있어서 중립을 지키겠다고 주장하면서도, 호 주석에게 많은 기독교인들은 각기 나라의 독립을 위해 자기 나름의 역할을 감당하고 있다고 전했다.

공산주의나 프랑스의 지배나 다 원하지 않았지만 베트남의 개신교인들은 프랑스의 지배 아래 참고 있기 보다는 차라리 위험부담이 있더라도 공산주의 쪽이 낫다고 생각했다. 그런데 교회가 중립 입장을 택한 결과는 개개인에게 좋지 않았다. 개신교인들은 양쪽으로부터 오해를 받고 불이익을 당하기도 했다.

또한 접전지역에 있던 백성들은 오전에는 프랑스 정권 밑에, 그리고 밤에는 공산주의 세력 밑에 있기도 했다. 로마서 13장1절의 "권세

호치민 주석과 보누엔지압Vo Nguyen Giap 장군

들에게 굴복하라"는 말씀은 기독교인들에게 충분한 길잡이가 되어주지 못했다. 베트남 성도들은 미국이 무기와 구호품을 공급해주는 덕분에 프랑스군이 계속 싸울 수 있다는 사실을 알게 되어 그 마음이 더욱 복잡했다.

전쟁이 무르익으면서 이 독립군이 공산당의 색깔로 짙어가는 것이 분명해졌다. 1951년에 호치민의 공산당은 다른 세력들을 숙청하기 시작했다. 독립운동에 참여했던 기독교인들도 뒤로 밀려났다. 월맹군에 합세했던 기독교인들은 믿음을 포기해야 할 것 같은 무언의 압력을 받았다.

일본의 패망과 함께 재개된 C&MA 선교사들의 선교 활동은 프랑스 관리 지역에 한정이 되었다. 하지만 선교사들은 월맹이 세력을 장악한 지역의 영적 필요에도 대응을 했다. 새롭게 시작한 전쟁 중에 이들 선교사들에게 가장 중요한 과제는 흩어진 교회들을 회복하고 재건하는 일이었다. 1947년에 낙담한 베트남 교회 지도자들은 C&MA에 재정 지원을 지속해 달라는 요청을 했다. 선교사들은 마지못해 승낙했다. 자립정책을 거스르는 것이었지만 임시방편이 되길 바랐다. 하지만 전쟁이 장기화되면서 선교회는 황폐해진 교회를 지속적으로 도울 책임을 느꼈다. 전쟁이 끝나가면서, 교회의 자립을 유도할 목적으로 경제적인 후원을 줄였는데, 그로 인해 교회와 선교사들 간의 관계가 악화되었다.

1954년 제네바 조약으로 베트남이 둘로 나뉘어 북쪽이 공산주의 아래 놓이게 되었다. 그리고 짧은 기간 동안 사람들에게 자기의 정치

성향을 좇아갈 수 있도록 선택권을 주었다. 수십만의 북부 사람들이 남쪽으로 내려왔다. 그때 월남한 사람들은 주로 천주교인이거나 개신교도였다.

나라의 분열은 또한 복음 성회를 둘로 갈라놓아 그때 이후로 복음 성회가 남부와 북부로 나뉘었다. 독립전쟁은 남부 복음 성회 교회를 숫자적으로나 영적으로 심하게 상처를 입혔다. 이 기간 동안 교회는 성장하지 못했다. C&MA의 선교사 숫자도 22명으로 줄었다. 이 숫자는 1921년에 있던 선교사 수와 동일한 숫자였다. 전쟁이 끝나가며 상황이 호전되는 것 같았지만 불행히도 남과 북 사이에 새로운 전쟁의 조짐이 일어나고 있었다.

독립 전쟁 이후의 십 년

베트남의 남부지역은 1954년 나라가 남북으로 나뉜 후 5년간 비교적 평화와 안정을 누렸다. 하지만 그 후 5년은 불안감이 가중되었다. 베트남 교회와 선교사들은 안정된 시대를 틈타 교회가 없거나 드문 지역을 중점적으로 전도하고 새 교회를 개척했다. 특히 17도 분단선 바로 아래에 있는 꽝찌*Quang Tri* 성과 투아티엔*Thua Thien* 성을 집중해서 선교했다. 사람들이 긴장감이 가장 많은 이 지역을 "비무장지대*demilitarized zone*"라고 부른 것은 아이러니라고 하겠다.

중부 해안지역 꽝나이*Quang Ngai* 성에는 더 많은 선교의 열매가 있었다. 미신이 강하던 이 어부 마을에 열심히 선교하여 회심이 많이 일어났고 새 교회들이 개척되었다. 특히 이 지역 선교는 두 번의 기적적인 사건을 통해 많은 사람들이 개신교로 회심하는 역사가 있었다고 보고한다. 하나는 맹인이었다가 기적적으로 시력을 회복한 히우*Huu* 여인 사건이었고[주12)]다른 하나는 무당이 기독교로 개종하여 하나님의 능력을 열렬히 증거하던 사건이었다. 독립 투쟁 시기에는 지역에 제한을 받지 않고 전도를 할 수 있는 기회가 없었지만, 이제는 시골 지역에도 새로운 교회를 많이 개척할 수 있었다.

주12) 나는 1971년 여름 꽝나이성의 작은 어촌 마을에 있던 히우 할머니를 찾아갔었다. 내가 시력에 대해 질문을 하자, "네, 주님께서 내 눈에 빛을 주셨지요."라고 분명히 말했다.

남부 베트남의 천주교 신자였던 응오딘디엠*Ngo Dinh Diem* 대통령은 예상을 뒤엎고 남쪽의 새 정부에 안정을 가져오는데 성공했다. 하지만 평화는 오래가지 않았다. 1960년 이후로 정치적 안정이 깨지기 시작했고, 1963년에 디엠 대통령은 암살되었다. 내란이 계속해서 일

1957년 중부 고원지대를 방문한 월남의 디엠 대통령

어났고, 공산주의자들이 남부 베트남을 공산화하려고 교란을 시작했다. 베트콩이라고 불리는 남부의 공산주의자들은 북쪽과 다른 공산 동맹국들의 도움으로 테러 정치를 도입하여 광대한 남부 시골지역에 불안을 조성했다.

베트남 전쟁/ 미국 전쟁

: 현 베트남 역사는 이 전쟁을 미국 전쟁이라고 부른다.

베트남의 독립 투쟁 시 프랑스군에게 물품을 공급하며 전쟁에 발을 들여놓은 미국은 북부의 공산주의자들과 맞선 남부 베트남 정부를 도와준다는 좋은 의도로 베트남의 내분에 개입하기 시작했다. 아이젠하워*Eisenhower* 대통령이 처음 개입했을 때는 무력을 반대하는 입장이었다. 케네디*Kennedy* 대통령은 천여 명의 "전문가"를 보냈고 물자를 지원했다. 그리고 1964년 존슨*Johnson* 대통령은 톤낀만 *Gulf of Tonkin*의

1973년 베트남 평화협정을 맺는 파리 평화 회담

사건을 계기로 공산주의의 위협에 놓인 나라를 돕는다는 명목을 달아 월남을 돕도록 하원의 승인을 얻어냈다. 전쟁 개입이 가장 극대화 되었던 1968년에는 월남의 육지와 해상과 공중에 약 5십만 명의 미국 군인과 군사 관련자들이 주둔했다. 1969년 닉슨Nixon 대통령은 미국의 정책을 바꾸어 전쟁을 "베트남화" 시키려 했다. 미군을 감소하고 월남군이 스스로 전쟁할 수 있도록 하겠다는 의도였다.

1973년 파리 평화 협정에서 월맹 정부는 전쟁을 중지하고 미군은 완전 철수하기로 협약했다. 하지만 월맹은 약속을 지킬 마음이 없었다. 오히려 그들은 남쪽을 향해 대대적으로 공격하여 결국 1975년 4월 30일에 월남 정부를 항복시켰다. 결국 베트남은 공산주의 아래 다시 통일이 되어 오늘날 베트남 사회주의 공화국이라고 불리는 나라가 되었다.

전쟁 중의 베트남 사람들

전쟁의 잔인함 The Horrors of War

직접 전쟁을 경험하고 목격하지 못했다면 전쟁의 잔인함은 상상하지 못할 것이다. 전쟁은 인간들이 서로 다른 관점을 해결하는 가장 나쁜 방법이라고 할 수 있다. 불가피한 전쟁일 수도 있고 흔히 기독교인들이 말하는 "정의로운 전쟁*Just War*"이라고 하여도 "좋은 편" 사람들 역시 아주 나쁜 일들을 행하기도 한다. 제네바 조약에서 약속한 전쟁의 룰을 지키는 병사들은 거의 찾아볼 수 없다. 전쟁의 죽음 앞에서는 야만적인 근성이 생겨나기도 한다. 베트남 전쟁에서도 예외가 아니었다.

엄청난 분량의 인간의 창의성, 시간, 재능, 그리고 돈이 파괴에 쓰이고 적을 죽이기 위한 효과적인 방법과 무기를 고안해 내는데 쓰였다. 일반적으로 전쟁은 상대방에게 더 많은 피해를 주는 쪽의 승리로 끝난다! 그런데 베트남의 경우에서는 첨단기술과 막대한 자원이 이기

달리는 피난민들과 구조 헬레콥터

지 못했다. 죽음, 상처 입고 불구가 된 사람들, 영원히 상처를 지니게 된 영혼들, 남편을 잃은 아내들, 그리고 부모를 잃은 자녀들처럼 전쟁은 측량할 수 없는 직접적인 아픔과 피해를 줄 뿐 아니라 전쟁이 끝난 후에도 개인적으로 그리고 사회적으로 계속해서 파괴적인 영향을 가져다준다. 교회를 포함한 모든 사회적 조직들은 전쟁의 한가운데서 많은 것이 고갈되어 버리고 무거운 멍에를 짊어지게 된다.

전쟁 중에 기독교의 상황은 어떠했는가?

먼저 선교사들의 노력에 대한 질문에서 시작해보자. 놀랍게도 선교 활동은 전쟁 중에 늘어났다. 1968년 뗏공격이 있기 전까지 선교사의 숫자도 증가했다. 제2차 세계대전 전에 선교활동을 한 기관은 C&MA 외에 안식교(SDA*Seventh Day Adventists*) 밖에 없었다. 1929년에 베트남에 들어온 안식교는 복음 성회 교인들을 개종시키는데 열심을 내었다. 이들은 40년이 지난 1970년까지 약 2천명의 성도와 10개의 교회를 개척한 것이 전부였다.

복음주의 교회들이 더욱 주된 선교활동을 한 것은 제2차 세계대전이 종료된 이후부터이다. C&MA의 개척 선교사 고든*Gordon*과 로라*Laura* 스미스*Smith* 부부는 중부 고원지대의 소수부족 사역을 하려고 베트남에 왔다. 그들은 그 시대로서는 앞서서 선교 다큐멘트를 비디오로 만들었는데, '정글의 빛*Light in the Jungle*'이란 다큐는 본국의 후원자들에게 자신들의 사역을 생생하게 소개한 영상이었다. 그들은 각자 책도 출판했는데 로라가 쓴 「한 밤의 징소리*Gongs in the Night*(1943)」

와 고든이 쓴 「피의 사냥군: 인도차이나반도의 부족을 향한 개척선교의 이야기 *The Blood Hunters: A Narrative of Pioneer Missionary Work Among the Tribes of French Indo-China ;G. Smith* 1942」는 매우 인기가 있었다. 고든은 어린 소녀들이 아름다워지려고 치아를 잘라내는 이야기를 비롯하여 매우 생생하게 원시적인 부족들의 삶을 묘사했다. 고든은 또한 매우 진지한 인류학 선교사로서 「선교사와 원시인*The Missionary and Primitive Man*(1947)」을 출간했는데, 베트남 중부 고원 부족에 대한 자신의 광범한 지식을 잘 보여주어 세상의 많은 인류학자들의 관심을 끌었다.

이들 스미스 부부는 C&MA를 사임하고 1956년 WEC(*World Evangelization Crusade*)선교회의 선교사로 다시 베트남에 왔다. 1971년에 대부분의 WEC 선교사들은 세계 선교 연합 선교회(UWM*United World Mission*)로 옮겨갔다. UWM의 사역으로 생겨난 베트남 기독교 선교(VCM*Vietnam Christian Mission*) 교회는 현재 20여개 부족가운데 250여개의 교회가 있다. VCM은 복음 성회 이후로 처음으로 정부의 공인 교단 승인을 받았다.

1954년 구호사업으로 베트남에 들어온 메노나이트 중앙회*Mennonite Central Committee*는 이후 1971년에 동부 메노나이트회의 교회개척과 구제사업의 길을 열어주었다. 1959년에는 미국 남침례교회가 베트남에 들어왔다.[주13] 10년 후에 그들은 2천명의 교인과 23개의 교회로 성장했다. 그리고 하나님의 성회*The Assemblies of God*가 1972년 베트남에 왔다.

주13) 남침례 교회의 베트남 선교역사는 샘 제임스*Sam James* 선교사가 자기의 개인적인 경험을 쓴 「역사의 끝에 선 종*Servants on the Edge of History*, 2005」이라는 책을 보면 알 수 있다.

일반적인 복음적 선교 사역 외에 복음적인 관심을 또 다른 방법으로 강하게 표현하기도 했는데, 그것은 전쟁으로 인해 생긴 엄청난 사회적 필요에 대한 대응이었다. 월드비전*World Vision*과 월드릴리프*World Relief*와 같은 단체가 부상당한 병사, 전쟁으로 집을 잃은 사람, 그리고 공산군 포로들을 돌보고 돕는 일 등의 큰 프로그램을 감당하였다. 다른 기독교 단체들과 함께 이들은 학교와 병원들을 후원했고, 개발 사업을 진행했으며, 재난 구제 사업을 벌였다. 그들은 종종 베트남의 경험 있는 선교사들과 손을 잡고 일을 하며 현지 교회들을 참여시켰다. 복음적 선교사들도 직접적으로 복음 전하는 일 외에 이렇게 중요한 일들을 훌륭히 해내었다. 복음주의자들이 오직 영혼에만 관심이 있고 실질적인 필요에 대해서는 관심이 없다는 치우친 생각은 바꾸어야 할 것이다.

C&MA는 1950년 말에서 1960년 말까지 베트남 선교사의 숫자를 크게 늘렸다. 1971년에 42명의 선교사들이 베트남인들을 대상으로 사역했는데 상당수가 중부 고원지역의 부족들 가운데 사역했다. 부족사역의 어려운 과제들을 극복하기 위해 C&MA는 1953년 독자적인 부족 선교회를 구성했지만 6년 후인 1959년에는 이 두 사역체를 하나로 묶었다.

중부 고원 부족들 The Montagnards

중부 혹은 서부 고원의 베트남 자체의 부족들을 통틀어 몬타나즈*Montagnards*(프랑스어로 "산사람*Mountain people*"이란 의미)라고 부른다. 이들

은 두 부류의 언어-인류학적인 가족에 속한다. 몬-크메르*Mon-Khmer* 와 말레오-폴리네시안*Malayo-Polynesian* 이다. 말레오-폴리네시안은 수 세기 전에 태평양의 섬들에서 건너온 것으로 전해진다.

초기 선교사들이 이곳에 왔을 때 사람들은 복음에 수용적이었다. 오랫동안 악령에 시달리며 억압을 받던 믿음과 비용이 많이 드는 의식에 묶여 있던 생활에서 풀려나 이들은 진정으로 자유를 주는 복음을 선뜻 받아들였다. 그러자 그들의 삶과 문화가 급진적으로 변했다. 가장 복음화가 신속히 이루어진 부족으로는 코호*Koho*, 에데*Ede*, 자라이*Jarai*, 바나*Bahnar*, 스팅*Stieng*, 그리고 농*Mnong* 족들이 있다. C&MA 선교사들은 위클리프 성경번역 선교사들의 도움을 받아 성경을 부족들의 언어로 번역해 보급했다.

코호 부족의 교회가 탄생해서 성장하는 이야기가 인기 있는 선교 고전인「대나무 십자가*The Bamboo Cross* (Dowdy 1964)」에 잘 쓰여 있다. 이 책에는 공산주의자들이 코호 기독교인들을 공격했을 때 천사들이 보호해 준 이야기, 순교자들의 이야기, 그리고 또 다른 기적적인 이야기들이 담겨 있다. 베트남 전쟁이 끝났을 때 소수부족의 인구는 전체 인구의 13% 밖에 되지 않았는데 교인의 숫자는 전체 남부 복음 성회 교인의 30%가 넘었다.

베트남 전쟁 기간 동안에 기독교인이 많았던 이 산족들은 공산주의에 대항해서 싸우는 편에 징집이 되었다. 미군들은 이들 부족들을 가장 우수하고 가장 신뢰할 수 있는 아군으로 여겼다. 그런데 불행하게도 이 관계 때문에 이후 장기적으로 공산 정권 아래 살게 되자 크게 어려움을 당하게 되었다.

사실 이들 소수부족은 어느 정부가 정권을 잡든 간에 지배자인 베트남인들로부터 오랫동안 차별과 불의로 고통을 당했다. 이들에게 독립의 염원이 생기는 것은 어쩌면 당연할 수도 있었다. 퓨로FULRO라 불리는 해방운동은 프랑스어로 '억압받은 자들의 해방 전선'이란 의미이다. 이 해방 전선은 1960년대부터 활동하다 결국 공식적으로 전쟁이 끝나고도 한참 뒤인 1992년에야 없어졌다. 캄보디아의 정글에서 유엔 대표들 앞에서 무장을 내려놓은 것이었다. 흥미 있는 사실은 그들이 계속 기독교 신앙을 가지고 있었다는 것이다.

퓨로의 리더 중에는 기독교인이 많았다. 이들은 부족 중에 교육을 받은 소수인데다가 복음을 통해 인간의 가치와 존엄성을 이해하고 있었기 때문에 그리 놀라운 일이 아니었다. 퓨로 운동은 이전 월남 정부와 협상하다가 배반을 당한 적이 있었고, 이후에는 공산주의자의 새 정부에 의해서 결국 잔인하게 짓밟혔다. 그런데 오늘날까지도, 이들이 지닌 정의감과 탄압에 대한 항쟁 가능성 때문에 특히 기독교인들은 공산주의자들의 강한 감시와 의혹을 받고 있다.

2001년에서 2004년에 이들 산지족 가운데 서부고원에서 자신들의 토지 압수에 항의하고 종교 자유를 요구하는 데모가 일어나 베트남 정권을 놀라게 했다. 정부는 이 '반란'을 미국에 거점을 둔 퓨로 리더들에 의한 것이라고 단정을 하고 군대를 투입하여 무력으로 잔인하게 진압하였다.[주14)] 2001년의 사건들은 인권보호 자료보고서 「Repression of Montagnards: Conflicts over Land and Religion in Vietnam's Central Highlands」(2002)에 실려 있다.

주14) 1990년 초에 미국 남캐롤라이나*South Carolina*에 망명중인 FULRO 리더 콕크서Kok K'sor는 베트남 중부 고원지역에 있는 소수부족들을 "데가*Degar*"라고 부르기 시작했는데, 이 말은 아낙 에데가*anak ede gar*라는 "모든 부족의 사람들" 혹은 "산의 자녀들"이란 뜻의 에데 언어에서 파생된 말이었다. 베트남어에는 마지막 발음에 "r" 발음이 없기에 베트남사람들은 데가*Dega*" 로 표기했다. 베트남 정부는 이 단어를 정치화하여 "데가"를 띤란데가*Dega Protestantism*로 불러 소수부족의 권리와 정의를 부르짖는 모든 기독교 부족들을 다 그렇게 불렀다.

전쟁 중 창의적인 선교와 전도

선교사들은 복음 전도 집회, 복음 방송, 문서 배포 등의 일반적인 전도 방법 이외에 특별히 군복음화 운동에 나섰다. 이 아웃리치의 선두주자는 룻 제프리*Ruth Jeffrey*로 D. I. 제프리 선교사 아내이면서 또한 중국의 유명한 선교사 조나단 고포스*Jonathan Goforth*

군인들에게 복음을 전하는 누엔남하이 목사

의 딸이었다. 그녀는 독립전쟁이 끝나가는 시기에 허가를 받아서 군대 병원을 방문하여 간증하고 기독교 문서를 배포하는 등 지칠 줄 모르게 일했다.

1960년대 초반 C&MA의 가트 헌트*Garth Hunt*와 짐 리빙스톤*Jim Livingston* 선교사는 베트남의 거대한 군사 지역에서 활기 있게 대규모 사역을 시작했다. 특히 월드 비전과 몇 단체의 도움을 받아 월남 전사들에게 휠체어와 목발을 많이 보급했다. 이들은 의료품을 전달하며 복음집회를 열었고, 신약성경과 함께 특별히 포켓 성서 리그*Pocket Testament League*에서 군선교를 위해 인쇄한 쪽복음을 나누어주었다.

예수를 영접하기 원하는 자에게는 기본 기독교 교리를 가르쳤다. 헌트, 리빙스톤과 다른 선교사들은 수천 명의 젊은 군대 입대병들에게 신약성서를 나누어주고 복음을 전함으로써 한 세대의 젊은이들에게 영향을 주었다. 또한 선교사들은 베트남 군대에 군목 제도를 도입하는 일에 중요한 역할을 감당했다. 계속되는 전쟁 때문에 접전 지역의 사람들은 비참한 난민 수용소로 옮겨 갈 수밖에 없었다. 임시로 사용하려던 처음 의도와는 달리 이 수용소는 장기간 운영될 때가 많았다. 실의에 빠진 이들 피난민들에게 선교사와 현지 성도들은 자주 가서 물질적으로 원조하고 영적으로 격려했다. 1960년대 중반에 이들 피난민들 안에 상당수의 교회가 개척되었다.

1960년대 말에 남부 복음 성회와 그들을 돕던 선교사들은 복음 전도의 비전을 "EDW(깊고 넓은 전도*Evangelism Deep and Wide*)"라는 프로그램으로 실천했다. 이 프로그램은 세계 각 지역에서 일어나는 효과적인 전도 방법과 모델을 토대로 한 것이었다. 특히 남미에서 있었던 "심층 전도Evangelism in Depth"라고 불린 전도 프로그램을 베트남에 맞게 변화시켜 만든 것이었다. 이 모델은 남부 복음 성회의 리더들, 특히 총회장 도안반미엥Doan Van Mieng 목사가 적극적으로 환영했다. 천만 명의 영혼을 향한 비전을 주님이 그때 주셨기 때문이었다. 초기에는 약간 성공하는 듯 했지만, 조직적인 어려움과 계속되는 전쟁으로 말미암아 널리 퍼지지는 못했다.

다른 전도 방법은 영화 상영 시스템이 준비된 이동차량을 사용하는 것이었다. 도구를 포켓성서 리그에서 제공해 주었다. 이 차량은 주로 베트남 전도자를 태우고 시장과 공원들을 돌며 많은 관중들을 모아서 무디 과학Moody Science과 다른 영화들을 보여주고 전도지를 돌리며 복음 전도 집회를 열었다.

1968년 뗏 공격 후

전쟁에도 불구하고 많은 지역교회의 전도팀들도 계속해서 전도 활동을 전개했다. 가장 오랫동안 선호하여 사용하던 전도방법은 바로 주일에 전도팀을 이루어 개인들에게 복음을 제시하는 것이었는데, 느리기는 하지만 꾸준히 교회의 성장에 기여한 방법이었다.

그리스도를 섬기는 값비싼 대가

나는 전쟁 중에 그리스도를 섬기기에 치러야 했던 값비싼 희생을 직접 목격했다. 1968년 뗏 공격 때, 우리 가족이 살던 집 바로 곁에까지 공격해 왔기 때문에 나는 아내와 아이들을 나짱으로 옮기고 곧 혼자 선교회가 활동하고 있던 해안 마을 판티엣*Phan Thiet*으로 돌아갔다. 계속되는 폭격과 전투 때문에 마을에 진입할 수 없어 라디오에 귀를 기울이면서 마을 주변의 비행 활주로 주변을 맴돌고 있었다. 바로

1968년 뗏 공격 때 죽은 월맹군의 시신들

그곳에서 중부 고원 지역의 반메투엇Banmethuot에서 선교사들이 몇 명이나 죽음을 당했다는 비보를 들었다. 그들은 바로 나의 동료들이었다. 나는 다시 나짱으로 가는 군용 비행기를 잡아타고 내려가 모여서 보호받고 있던 가족과 다른 선교사들과 합류했다. 그리고 다른 동료 두 명과 함께 반메투엇으로 날아갔다. 반메투엇의 선교센터는 1950년대에 설립되었는데 그곳에는 집 4채와 제법 큰 교회, 그리고 1962년에 시골에서 옮겨온 나병환자 클리닉이 있었다. 3명의 선교사들이 인민군들에게 납치 당하는 사건이 있어 반메투엇으로 옮겨 온 것이다. 아치 미첼Archie Mitchell, 아델 비에티Ardell Vietti, MD, 덴거버Dan Gerber 선교사 3명은 그 후에도 영원히 발견되지 않았다.

우리가 도착한 선교센터는 이미 폭격을 받아 폐허가 되어 있었다. 이층집들은 다 날아가 버렸고, 모퉁이에 약간의 벽과 기둥이 서 있을 뿐이었다. 화염으로 인한 연기와 죽음의 냄새가 우리의 뇌를 강하게 진동했다. 인민군들이 밤에 센터에 침투했던 것이다. 이들은 캐롤린 그리스올드Carolyn Griswold 선교사의 집에 폭탄 가방을 장치하여 폭발시켰다. 얼마 전에 은퇴한 캐롤린의 아버지가 봉사 차 딸을 찾아와 돕고 있었다. 폭탄이 터져 캐롤린의 아버지는 그 자리에서 즉사했고 캐롤린은 중상을 입었다. 다른 선교사들은 모두 집에서 나와 뒤에 있던 창고를 벙커로 만들어 피신했다. 다른 집들도 차례로 폭격을 맞아 파편이 벙커로 날아들었다.

벙커에 있던 밥 짐머Bob Ziemer는 인민군들과 협상을 하려고 흰색 수건을 들고 나왔다. 하지만 말을 건네기도 전에 그들이 쏜 탄알이 짐머 선교사의 머리를 관통했다. 그는 넘어지며 옆에 있던 빨랫줄에 걸려 죽어갔다. 그러고 나서 어떻게 되었는지 잘 알려지지 않았지만, 그 당시 상황을 짐작해 보건대 그 후 인민군들은 벙커로 다가가서 수류탄을 던지고 AK-47 기관총을 난사했다. 방커에는 짐머 선교사의 아내 마리Marie, 간호사였던 루츠 윌팅Ruth Wilting, 그리고 에드와 룻 톰슨Ed & Ruth Thompson 부부가 있었다.

마리 짐머 선교사는 기적적으로 살아남았다. 나머지 세 명의 선교사는 벙커에서 죽어갔다. 인민군들이 떠난 후 마리 선교사는 크게 부상을 당한 몸으로 벙커에서 나와 도움을 찾아 다녔다.

얼마 후에 반격이 시작되었다. 미군은 벽에 깔려 있던 캐롤린 그리스올드와 마리 짐머 선교사를 헬리콥터에 태워 즉시 나짱의 군인 병원으로 이송했다. 캐롤린 선교사는 병원에 옮겨 얼마 되지 않아 숨을 거두었지만 마리는 지금도 살아있다. 미군은 밥 짐머 선교사의 시신을 찾아 그의 고향인 오하이오Ohio로 송환했다.

우리 세 명은 바로 그 벙커 앞에 서서 마음이 찢기는 이야기를 전해 듣고 벙커 안 시신들을 어떻게 해야 할지 고민했다. 그리스도를 위해 자신들의 생명을 바친 이들 시신을 쓰레기 구덩이에 묻어 버릴 수는 없었다. 육군의 장의병에게 의뢰를 했는데 사망한지 십여 일이 지났지만 시신을 옮길 수 있다는 말을 들었다. 그래서 우리는 이 시신들을 파내어 파손이 되었지만 아직 서 있던 에데Ede 교회 옆으로 옮기기로 결정을 했다. 그곳에 무덤을 파고 빨간색 관을 준비했다. 이제 시신을 파낼 준비가 되었다. 먼저 30cm 이상 덮여 있는 흙을 치웠다.

그런데 검은 플라스틱이 시체들을 덮고 있는 것을 발견했다. 이미 군인들이 시체를 바디백*body bag*으로 덮어 놓은 것이었다. 이 바디백을 조심스럽게 치우자 그 밑에 에드 톰슨 선교사가 무릎을 꿇은 채로 아내 위에 죽어있었다. 그리고 그의 등 가운데에 총알 자국이 일렬로 박혀있었다. 실망스럽게도 육군 장의병의 처음 이야기와 다르게 시신을 옮길 수가 없었다. 시체가 이미 약한 숯처럼 변해 만약 움직이면 부서져 버릴 것이라고 그 장의병은 말했다. 이제 바로 그 자리가 묘지가 되어야 했다. 우리는 지저분하게 널려있는 잔해들을 치우고 무너진 집에서 벽돌들을 집어다 묘지의 윤곽을 만들기 시작했다. 빨랫줄을 걸었던 장대로 십자가를 만들었다.

우리는 어깨를 마주 대고 그 위에 섰다-세 명의 선교사, 베트남 교인들 몇 명, 몬타나 부족 교인들, 그리고 미군들…. 우리는 눈물로 젖

1968년 반메투엇, 뗏 공격 때 죽은 선교사의 무덤 앞에서

은 추모예배를 간단히 드림으로 그리스도를 섬기다 생명을 바친 동료들의 죽음을 기념했다. 전쟁의 위험 지역에서 선교를 한다는 영웅적인 생각이 젊은 나에게서 사라지는 순간이었다. 죽음의 대가를 치러야 할지도 모르는 일이었다. 아니 죽음의 대가를 치르고 있었다. 후에 이 무덤을 표시하기 위해 기념비가 세워졌다. 다 허물어져가는 상태이지만, 현재 정부의 보건소가 들어선 자리에 이 기념비는 남아 있다. 조상과 묘지에 대한 존경이 강한 베트남 사람들이 이 무덤을 그대로 놓아둔 것이다. 42년이 지난 2009년 12월에 베트남 정부는 톰슨 선교사 부부의 다섯 자녀들이 묘지를 방문할 수 있도록 허락했다.

1968년 뗏 공격 때 또한 반메투엇지역에서 포로가 된 C&MA선교회의 베티 올슨*Betty Olsen*간호사와 위클리프*Wycliffe* 선교회의 행크 블러*Hank Blood*의 흔적은 그 이후 찾아볼 수 없었다. 그때 미관계자 마이

1968년 반메투엇에 묻힌 룻 톰슨Ruth S. Thomson 선교사의 묘

크 벤지Mike Benge도 포로가 되었다. 그곳에서 북쪽으로 이송되는 잔혹한 정글의 행진에서 살아남았다가, 1973년 미군포로들의 석방 때 풀려났다. 「묘석 세울 시간도 없이: 베트남의 정글에서의 삶과 죽음 *No Time for Tombstone: Life and Death in the Vietnamese Jungle* (1974)」에서 저자 제임스, 마티 헤플리*James and Marti Hefley* 는 몹시 고통스러운 죽음을 맞이한 베티 올슨 선교사의 이야기를 적었다.. 제임스와 헤플리의 「삶 아니면 죽음*By Life or by Death* (1969)」에서 다른 순교자들의 이야기도 전해졌다.

공산화로 전쟁이 끝나기 불과 몇 주 전 반메투엇의 선교사들에게 또 재난이 찾아왔다. 1975년 3월 인민군들은 7명의 선교사와 한 명의 자녀를 잡아 행군하여 북부의 포로수용소에 감금했다. 이들 중에 베티 미첼이 있었는데 남편 아치 미첼이 13년 전에 포로로 잡혔던 바

1972년 부족신자들에게 baptism을 주는 쯔응반똣*Truong Van Tot* 목사

로 그 지역이었다. 베티 외에 C&MA의 놈과 조엔 존슨*Norm & Joan Johnson* 부부, 딕과 릴 필립스*Dick & Lil Phillips* 부부, 그리고 위클리프 선교회의 존과 케롤린 밀러*John & Carolyn Miller*부부와 어린 딸 루엔*LuAnne*이 포로가 되었다. 이들은 234일 만에 북부 베트남의 감옥에서 풀려나 가족들과 재회했다. 이들의 이야기가 제임스와 마티 헤프리의 「포로의 소망*Prisoners of Hope* (1976)」에 잘 전해진다. 또한 캐롤린 밀러 선교사는 그의 책 「포로*Captured!* (1977)」에 직접 생생하게 경험한 내용을 담고 있다. 반메투엇에서의 죽음과 선교사들의 희생적인 이야기는 세계 복음주의 커뮤니티를 휘저었다. 1964년 콩고*Congo*에서 선교사가 죽었던 때와 1956년 아우카*Auca*의 학살 사건 때와 유사했다. 1968년 선교사들의 죽음과 포로 생활은 본국에서 자신들을 돌아보게 했다. C&MA의 리더들은 후원하는 교회들로부터 전쟁 지역의 선교사들을 어떻게 해야 할지에 관해 여러 가지 의견을 들었다. 어떤 교회는 강경하게 선교사들을 불러들이라고 했다. 한때 모든 여성 선교사들과 자녀들은 태국에 피난하도록 조치를 취했다. 1968년 반매투엇의 죽음과 납치 이후에 약 반 정도의 C&MA 선교사들이 본국으로 철수했다. 하지만 나머지 선교사들은 죽음을 목격하고 자신들도 죽음의 위협 가운데 있음에도 불구하고 선교 활동을 재개했다. 다른 선교단체들도 선교사의 감소를 겪었다.

베트남 전쟁은 게릴라전으로 전선이 분명히 그어지지 않았다. 남부의 많은 지역에서도 베트콩이 우세했다. 특히 밤에는 더했고 낮에도 외국인들에게는 안전하지 못했다. 하지만 선교는 계속되었다. 선교사들은 도시와 마을과 난민수용소와 군을 상대로 선교했다. 어떤 이들은 클리닉과 병원에서 선교를 했다. 다른 이들은 문서 사역과 복음 방송 사역을 했다. 어떤 이들은 선교의 도구로 영어를 가르쳤다. C&MA 선교사들은 나짱 해변 가에 있던 성서대학에서 가르쳤다. 이 성서대학은 선교회가 남부 복음 성회를 도와 1960년대에 세운 학교였다.

전쟁 중의 베트남 교회들

전쟁 중 생사의 기로에서 교회가 택한 정치적 중립의 위치를 항상 지킨다는 것은 쉬운 일이 아니었다. 강제 징집제로 남부의 많은 기독교인 젊은이들은 군인의 의무를 다해야 했다. 기독교인들에게도 많은 희생이 있었다. 전투에서 전사한 젊은 용사들의 장례식에서 통곡하는 부인들과 아빠를 잃은 아이들을 바라보며 젊은 선교사로서 크게 마음이 아팠던 일을 기억한다.

전쟁과 더불어 살아가려고 노력하지만 아무것도 정상적인 것이 없었다. 모두가 생존하기 위해 분투하고 있었다. 교회도 예외는 아니었다. 교회마다 목사의 생계를 책임지기가 어려웠다. 교회 밖의 선교는 생각도 하지 못했다. 하지만 교회와 선교회는 인내했다. 사이공의 경우 남부 복음 성회는 C&MA의 도움으로 1972년 3월부터 1975년 3월까지 12개의 교회를 새롭게 개척했다.

당시 베트남 교회들과 고아원 등의 기독교 기관들은 미군들의 관심과 자선으로 큰 도움을 받았다. 군목들은 군대의 식품과 다른 물자들을 교회와 구제를 위해 공급했을 뿐 아니라 인력을 지원하여 도움이 필요한 자들을 위해 봉사했다.

위에 잠시 언급했지만 베트남 전쟁 중에 전도와 교회개척 상황은 어떠했는가? 분명히 말할 수 있는 것은 정치적인 불확실과, 테러와 반란, 그리고 남북 간의 전쟁이 교회의 확장을 막지 못했다는 것이다. 1963년부터 1970년까지 남부 복음성회의 세례교인은 두 배로 늘어났고, 교회도 역시 두 배로 성장했다!

1971년의 부흥

하나님께서 1971년 남부 복음 성회 교회들 가운데 찾아오셨는데 특별히 몬타나즈 교회에 부흥을 주셨다. 1938년도의 부흥도 마찬가지였지만, 이번의 부흥도 하나님께서 다가오는 어려움을 이기도록 준비시켜주시는 듯했다.

비록 부흥이 그 성격상 하나님의 능력이 그 백성에게 임하는 것이어서 설명할 수 없는 것이라고 해도 그 원인을 파악해 보려는 시도는 유익한 것이다. 부흥을 직접 경험한 내용을 오렐 스테인캠프*Orrel Steinkamp* 가 쓴 「베트남에 임한 성령*The Holy Spirit in Vietnam*」(1973) 이란 책에서 요약해 보았다.

1971년에 C&MA 선교사 몇이서 절실하게 교회에 갱신이 필요함을 느끼면서 더욱 큰 영적인 능력을 갈망하게 되었다. 그리고 간절히 그것을 위해 기도했다. 그런데 1971년 5월 컨퍼런스가 있었는데 그 자리에서 성령의 특별한 임재를 경험했다. 당시의 강사는 미국 오하이오주Ohio 멘스필드*Mansfield* 타운의 윌리암 알렌*William Allen* 목사였다.

스테인캠프는 컨퍼런스 후 자신이 가르치던 나짱 성경 학교에 돌아왔다. 영적으로 갈급하여 더욱 추구하던 중 인근의 미군 부대에 당시 캘리포니아에서 일어나던 예수 피플 운동*Jesus People Movement*으로 은혜 받은 군인들을 만났다. 아픈 자들의 치유와 귀신 쫓는 사역을 위해서도 기도하라는 하나님의 감동을 받아 스스로도 놀라면서 그렇게 기도했다.

성경학교에서 그는 하나님의 인도를 느끼면서 학장에게 '부흥의 역사'에 관한 과목을 신설할 수 있는지 부탁했다. 환대를 받은 것은 아니었지만, 거절을 당하지도 않아서 결국 스테인캠프 선교사는 '부흥의 역사' 과목을 새로 시작했다. 1971년 12월 3일 5호실 반에서 시작된 이 과목은 평범하게 시작되었다. 마침 그날 옆 교실의 과목이 취소되어 총 학생 117명 중 과반수의 학생이 그의 과목을 듣게 되었다. 1960년대에 있었던 인도네시아교회의 부흥에 대해 한 학생이 조사발표를 하였는데 그는 인도네시아 교회에 있었던 치유와 다른 많은 이적과 기적의 사건들에 관해 아주 자세히 보고했다.

발표를 마친 이 학생은 동료 학생들에게 베트남의 부흥을 위해 기도하자고 했고 그 부흥이 바로 이 성경학교에서 일어나길 위해 기도하자고 했다. 약 10분간의 평범하고 조용한 기도가 진행되었을 때 한 학생이 기도하다 울며 구체적인 죄에 대해 회개를 시작했다. 그리고 그 교실에서 자발적이고 동시다발적인 통성기도가 터져 나왔다. 이 소리와 소식이 학교 전체에 순식간에 퍼졌고, 거의 대부분의 학생들이 5호실로 모여들었다. 스테인캠프 선교사는 "성령의 강한 바람*strong wind of the Spirit*"이 불었다고 당시를 설명한다. 그리고 베트남 교수들과 선교사들도 이 성령의 바람에 실렸다. 그날 밤과 그 다음 날에도 여러 날 계속해서 강한 성령의 역사가 나타났다. 그리고 이 감동이 인근 교회의 젊은이들에게로 번져갔다. 그 부흥은 특별히 성경학교의 몬타나즈 부족 학생들에게 큰 영향을 주었다. 그리고 그들을 통해 성령의 바람이 중부 고원지역으로 번져갔다. 코호 부족의 선교사로 섬겼던 쯔방 뜻*Truong Van Tot* 목사가 중요한 역할을 감당했다. 그는 미국에서 공부를 마치고 돌아온 지 얼마 되지 않았다. 뜻 목사도 인도네시아의 부흥에 대해 들었고, 자신의 삶은 물론 다른 이들과도 화목해야겠다는 인도를 받았다. 크리스마스 방학을 맞아 고향에 온 코호 신학생들을 격려하여 자신들이 경험한 영적인 열정을 멀리 전하라고 도전했다. 그 후 중부 고원지역을 방문한 한 베트남 전도자는 "고원이 타오르고 있다*The highlands are aflame!*" 고 간증했다.

부흥의 바람이 고원지역의 다른 부족에게도 옮겨갔다. 선교사들은 에데족Ede의 이장*Y Djhang* 어린이가 이땅*Y Tang* 목사의 기도로 죽음에서 다시 깨어났다는 간증 이야기를 그대로 받아들였다. 이땅은 위클리프선교사의 언어선생이었는데 나중에 목사로 부름을 받은 사람이었다.

스테인캠프 선교사는 다음과 같이 당시 부흥의 역사를 요약했다:

의심이 기대로 변했고, 교만함이 겸손함으로 바뀌었으며 죄의 회개가 있었다. 비판과 의심과 망설임이 있는 곳에는 성령의 바람이 멈추거나 오지 않았다. 가장 두드러진 특징은 기도, 회중 앞에서의 죄의 고백, 성령 충만, 넘치는 기쁨, 담대한 믿음, 기적, 그리고 담대한 증거였다. 이 부흥의 성숙함은 억지로 기적을 바라지 않았다는 것이다. 이적과 기적은 사람들이 하나님 앞에 올바로 서고 주님이 기적을 베푸시길 원하실 때 일어났다. 하지만 치유를 위해서는 기도를 했고 그것은 믿음으로 응답되었다 (ibid, 77)

의미 있는 기독교인구 조사

전쟁이 공산당의 승리로 끝나기 2년 전인 1973년에 세계 복음화를 위한 로잔위원회*Lausanne Committee*는 스위스에서 있을 로잔 대회*Lausanne Congress*를 위해 베트남 개신교의 프로필을 조사하도록 나를 파견했다. 아직은 여행을 자유롭게 다니고 널리 연결할 수 있는 상황이었기 때문에, 나는 베트남이 공산화가 되기 전 최후가 될 베트남 개신교 커뮤니티의 분포 조사를 하게 되었다. 이 보고 조사는 이후 교회성장의 기준이 되었다.[주15)]남부 복음 성회의 개신교인 수는 127,505명이었고, 그 외 26,000명의 신자들이 다른 8개의 교단에 흩어져 있었다. 만약 당시 접근할 수 없던 북부 베트남의 교인을 넉넉하게 약 6천명으로 잡을 때 베트남의 개신교 총 인구는 약 16만 명으로 집계되었다.

주15) 저자는 「남부 베트남; 나라의 프로필과 기독교 상황*South Vietnam; Status of Christianity Country Profile*」을 1974년의 세계 로잔 대회를 위해서 발간했다.

CHAPTER 6

"사이공의 패망" 혹은 "자유 독립일"?

The "Fall of Saigon" or "Liberation Day"?

1975년 4월 30일, 월맹의 탱크가 사이공의 대통령궁 정문을 부수고 들어와 사이공 정부의 항복을 받는 상징적인 장면은 온 베트남에 새 시대가 왔음을 알렸다. 이미 대부분의 선교사들은 철수를 했고, 메노나이트 선교사들만 약간 남아 있었다. 일 년 후에 이들도 결국 떠나라는 통첩을 받았다. 서로 다른 관점에서 "패망", 또는 "자유 독립"으로 바라볼 수 있었던 그때 상황은 베트남 교회에 큰 혼란을 가져왔다.

당시 교회의 혼란은 부끄러움으로 남아 있고, 그때의 상황에 대한 진지한 회고는 아직도 이루어지지 않고 있다. 그런데 전쟁이 끝난 지

1975년 4월 30일, 사이공의 대통령 궁 정문을 밀고 들어오는 월맹군의 탱크

주16) 이 자료는 개인적으로 출간되어 저자에 의해 퍼졌는데 교회의 어두운 부분을 드러내는 내용 때문에 물의를 빚기도 했다.

20년이 지난 1995년에 한 베트남 목사가 남부 복음 성회ECVN(S)의 자료들을 수집하여 「그 후 이십 년*Twenty Years After*」이란 제목으로 출간했는데, 월남이 공산화된다면 교회는 어떻게 대처할 것인가에 대해서 아무런 준비가 없었던 것을 볼 수 있다.[주16)]

당시 남부 복음 성회의 총회장이었던 도안 반 미엥*Doan Van Mieng* 목사는 한국인 목사 친구로부터, 한국 역사에 비추어, 공산화가 되면 월남에서 나오라는 권고를 받았으나 결국 남기로 결심했다. 하지만 그의 가족은 모두 월남을 빠져나왔다.

이 혼란기에 공군 비행 조종사였던 한 유명한 목사의 아들이 C-130 화물기를 몰고 고속도로에 이륙하여 자신의 가족과 부모, 그리고 또 한 목사와 교인과 그들의 가정을 구조했다는 이야기도 전해진다. 소문에 의하면 그 당시 선교 단체들도 계획을 세워 현지 교회의 리더들과 현지 직원들을 구조하려고 했다고 한다. 하지만 이러한 소문들은 잘못된 기대와 불안을 가져오기도 했다.

사이공이 함락되기 일주일 전에 남부 복음 성회의 사이공시 노회장이었던 누엔 반 꽝*Nguyen Van Quang* 목사는 소식지에 남부 복음 성회의 리더들은 베트남을 탈출한 계획이 없다고 실었다. 만약 베트남을 떠난다면 그것은 개인적인 결정이며 남부 복음 성회의 결정이 아님을 천명했다. 현지 리더들은 베트남을 떠난다는 계획을 발표한 적이 없었다. 목사들과 많은 기독교인들은 혼란 속에서 월남을 떠났다. 선교사들은 자신들이 돌보는 현지 성도들에 대한 의무감 때문에 마음이 무거웠다. 본인이 아는 두 명의 선교사는 다가 올 엄청난 핍박을 걱정하여 월남에 다시 돌아와 목사들과 교인들을 구하려 했다. 기아 대책본부*Food for the Hungry*의 설립자인 레리 와드*Larry Ward*와 C&MA의 선교사였던 가트 헌트*Garth Hunt* 목사는 기적적으로 1,700명이 넘는 사람들의 이름을 필리핀으로 향하는 미국 공군의 C-130 운송기에 탈 수 있도록 명단에 올렸다.(로어*Rohrer* 1984, 159-70쪽).

패망하기 이틀 전, 모든 선교사가 월남을 떠난 후인 4월 28일에 톰 스테빈스*Tom Stebbins* 선교사는 월남에 돌아왔다. 바로 필리핀에서 미군 공군 C-130 운송기를 타고 사이공에 간 것이었다. C&MA의 지시로 선별된 91명의 교회 리더와 가족들을 무사히 필리핀까지 탈출하도록 돕는 일을 맡았다. 그런데 그가 도착한 미국대사관 근처 쩐 까오 반*Tran Cao Van* 길에 있는 국제교회에는 약 200명의 사람들이 모여 있었다. 그리고 그 외에 각자의 집에서 대기하고 있는 추가 인원 300명의 명단을 받았다. 스테빈스 선교사는 기다리는 월남인들에게 이렇게 안심을 시켰다고 했다:

"이곳에 오기 전에 저는 아내에게 여러분 한 사람을 살리기 위해서 나의 목숨을 희생할 것이라고 했습니다… 왜냐하면 여러분 한 사람의 가치가 나보다 못하지 않기 때문입니다." (콜스*Cowles* 1976, 108-12쪽)

스테빈스는 미군이 탈출을 도울 수 있도록 온 힘을 다해 노력을 했다. 그러나 자정이 다가오자 그 자신도 월남을 떠나라는 통보를 받았다. 그는 베트남에 다시 온지 34시간 만에 미국대사관 관저의 옥상에서 마지막 월남을 떠나는 헬리콥터에 몸을 실었다. 스테빈스 선교사는 떠나기 전에 기다리던 한 현지목사에게 전화를 걸어 자신이 먼저 떠나야 하는 사정을 통보했다. 그는 후에 이렇게 회고했다. "아무도 그때 월남에 남은 형제자매들 때문에 내가 느꼈던 슬픔과 흘린 눈물을 알지 못할 것입니다… 만약 내가 더 머무는 것이 그들의 탈출을 돕는 길이었다면 기꺼이 남았을 것입니다."(ibid, 111쪽).

어떤 선교사들은 목자를 양에게서 빼어가는 행동이 심하게는 남은 양들을 배반하는 것이고 적어도 신학적으로 잘못 해석을 한 것이라고 생각했다. 결국 남부 성회의 500명의 목사와 지도자들 중에 10% 정도만 월남을 빠져나갔다. 월남을 탈출하려다 실패한 목사들은 자신들의 목회지로 돌아가 왜 자신들이 탈출을 하려고 했는지 해명을 해야 했다. 남부 복음 성회의 집행위원회는 이들 목사들로 인해 생길 수 있는 부정적인 결과를 막기 위해 이들을 교단에서 제명하기로 결정했

사이공의 미국 대사관 지붕 위에서 헬리콥터로 피난하는 모습

다. 바로 사이공이 패망한지 1주일 후에 위원회는 이 결의를 통과시키고 월남을 탈출한 25명의 목사와 전도사를 제명시켰다. 월남이 함락된 뒤 얼마 되지 않아 슬픈 사건이 있었는데 한 목사가 신약성경 수천 권을 폐품으로 팔려고 했다. 많은 사람들이 절망했고 두려워했다. 1975년 4월30일 이후, 베트남은 두꺼운 "죽의 장막*Bamboo curtain*"으로 가려졌다. 그리고 새로운 공산 정권에 의해 이 장막은 10년 후 찢어질 때까지 베트남을 어둠의 시대로 덮어버렸다.

암흑의 10년

베트남인들은 월남이 공산화가 되었던 첫 10년을 "암흑의 10년"[주17] 이라고 일컫는다. 이 시기는 북쪽 사람들이 '남쪽의 승리는 "베트콩"으로 불리는 남부 자체의 공산당이 내부 투쟁으로 이룬 것'이란 이야기를 멈추기 얼마 전이다. 북부 공산당은 남쪽의 베트콩을 밀어내고 직접 남부지역을 차지했다. 물론 남부 월남의 사람들뿐 아니라 남부의 공산당도 좋아하지 않는 행동이었다. 월남을 차지한 북부 공산당들은 미 제국의 억압으로 고난을 받고 있을 남부를 상상했는데 오히려 남부의 풍요로움에 놀라지 않을 수 없었다. 그리고 그 믿을 수 없는 부를 갈취하기 시작했다.

주17) 아직도 익명이어야 하는 상황과 자료들이 포함되어 있다.

새 공산정권의 집단 농장*collective farming*은 갈취보다도 더 힘들었다. 풍요롭던 남부지역도 식량 부족을 겪으면서 온 베트남에 굶주림이 닥쳐왔다. 1979년까지 많은 사람들이 지속적으로 배고픔에 시달렸고, 아주 열악한 환경에서 끼니를 이어갔다. 공산당 리더들도 자신들의 정책이 가져온 엄청난 결과를 보고 당황하지 않을 수 없었다. 그 후 개방 정책을 통해 농부들에게 땅의 사용권을 99년간 허용하여 주권을 인정하고 자손들에게 땅을 물려줄 수 있게 한 것은 대단히 큰 변화였다. 정책이 시행된 지 불과 3년 만에 베트남은 세계에서 제 3위의 쌀 수출국이 되었다!

경제 파국은 농촌보다 도시인들에게 더 심각한 영향을 주었다. 도시와 마을에서는 소규모 사업이 적게는 세 곳 중에 한 곳이, 많게는 두 곳 중에 한 곳이 문을 닫았다. 굶주리고 허름한 차림의 사람들이 길거리에서 잠자리를 찾아 방황하며 잠을 청하는 것을 흔히 볼 수 있었다.

패망한 월남 정부의 군인들과 관료들 수십만 명이 "재교육 캠프 *reeducation camp*"에 보내져 순화 교육을 받았다. 이들 중 많은 사람들이 기독교인이었다. 고된 노동을 시키고 공산당 사상 교육을 하여 이들을 변화시키려고 한 것이었다. 어떤 이들은 불과 며칠만에 나왔지만 어떤 이들은 13년 동안이나 재교육 캠프에서 교육을 받았다! 비록 대량학살은 없었지만 수천 명이 그 수용소에서 굶주림과 호된 훈련 때문에 죽어갔다.[주18)]

이 기간 동안 교회와 교인들에겐 어떤 일이 있었을까? 아래에 서술된 내용은 이 기간 동안 교회 리더들이 받았던 고난의 이야기들이다.

주18) '재교육 캠프'의 삶을 다룬 도안 반 또아이*Doan Van Toai*의 「베트남인의 강제 수용소 *Vietnamese Gulag*」에 자세한 내용이 기록되어 있다.

북부 공산당은 전쟁이 끝나고 처음 1년간 남부 베트콩에게 행정권을 허용했다. 남부 베트콩은 비교적 온순한 정책을 써서 남부사람들의 민심을 얻으려고 노력했다. 종교와 종교인들에게도 관대한 정책을 적용했다. 이 정책은 종교의 자유를 보장했다. 예배의 자유, 종교 건물의 존중, 그리고 자신의 종교를 전하고 학교를 운영할 권리를 보장했으며 신자들도 다른 시민들과 동등한 권리를 가질 수 있다고 했다. 종교로 인한 핍박과 차별이 없을 것이라고 했다. 종교인들도 인민의 대표로 선출될 수 있는 기회가 주어졌다. 예로 천주교의 찬띤Chan Tin 신부는 정치에 출마하여 당선되었다. 하지만 조용히 경의를 표해야 하는 관직에서 자신의 의견을 솔직히 표출하던 찬띤 신부의 정치인생은 길지 못했다.

교회들도 계속 예배를 드릴 수 있도록 허락을 받았다. 그런데 교회의 출석율이 현저하게 떨어졌다. 특히 지도자가 떠난 교회는 더욱 그러했다. 남부 복음 성회도 총회를 열 수 있도록 허락 받았다. 나짱Nha Trang에 있던 신학교도 1975-1976년 학기 동안 열려 있었다. 그들은 성서 공회도 재고로 가지고 있던 성경을 팔 수 있도록 허가했다.

하지만 어려움의 조짐이 일어나기 시작했다. 선교사들에게 의존도가 강하던 작은 교단들은 조직이 약화되어 사라져 갔다. 남아 있는 교인들은 대부분 복음 성회의 교회들로 옮겨갔다. 남부 월남 군대의 군목들은 재교육 캠프는 물론 감옥형도 살아야 했다. 남Nam 목사와 탕Thang 목사는 이 과정에서 숨을 거두었다.

친 공산당 편이었던 누엔탕롱Nguyen Thanh Long은 교인이었는데 교회들에게 압력을 넣어 "연합 개신교회"를 만들려고 했다. 그는 공산당으로부터 받은 권력을 등에 업고 사이공의 비싼 교회 재산을 압수하여 정부에 주었다. 그런데 공산당의 도움으로 진행되던 연합 정책은 롱씨의 갑작스런 사망으로 무산되었다.

이 기간 동안에 새 정부는 복음 성회에 속해 있는 중부 고원지역의 소수민족 교회들을 완전히 없앴다. 또한 교인들이 십일조를 하여 목사를 지원하는 것을 금했다. 1976년 북부 공산당은 통일을 공식화하고 남부를 직접 관리할 수 있는 힘을 갖추었다. 그들은 남부 공산당인 "베트콩"을 소외시키고 남쪽도 직접 통치하기 시작했으며 종교를 존중하던 베트콩의 정책도 바꾸었다. 억압이 시작되었다. 규모가 더 큰 남부 복음 성회를 북부 복음성회에 합해 넣으려고 했다. 남쪽 교회의 지도자들은 북부의 리더들이 공산 정부의 관리 아래 있음을 발견하고 통합을 반대했다.

키질과 정화 Sifting and Purification

이제는 키질과 정화의 시기였다. 목사를 포함하여 하나님에 대한 진정한 믿음이 없는 기독교인들은 교회를 떠나기도 하고 이전의 삶으로 돌아가기도 했다. 어떤 이들은 신앙은 포기하지 않았지만 너무 두려운 나머지 자신들이 교인임을 알리는 성경과 다른 표적들을 감추거나 버렸다. 젊은 기독교인들은 남부 교회 지도자들이 제대로 길을 보여주지 못하는 약한 모습에 매우 실망하였다. 그래서 많은 이들이 교회를 떠나 지하교회를 형성하고 서로를 격려하며 믿음을 지켜나갔다. 관료들이 교회의 활동에 직접 간섭하기 시작했다. 자기들이 마음대로 조종할 수 없는 "반동분자" 목사들과는 협상하기를 거절했다. 그들은 또한 나짱에 있는 신학교를 폐쇄하고 모든 재산을 압수했다. 그리고 이 학교 캠퍼스를 정부 노동조합의 휴식처로 만들었다. 억압이 심해졌다. 교회당은 물론 교회가 운영하던 모든 사회기관들 즉, 학교, 고아원, 진료소, 병원을 빼앗아갔다. 공산주의 이념은 모든 사람들의 필요를 이타적인 사회주의가 공급하면 종교는 사회에 필요 없는 요소가 되어 없어진다고 믿었다. 그리고 공산주의는 교회가 사회에 공헌하지 못하도록 하여 불필요한 존재로 만들었다. 천주교와 개신교 교회가 광범위하게 운영하던 가치있는 사회사업들이 하루 아침에 모두 중단이 되어 이념의 희생양이 되었다.

개신교의 경우 약 300군데의 자산이 압수되었다. 35년이 지난 현재 약간의 보상이 이루어졌지만 복음 성회는 아직도 265군데의 교회 재산을 돌려받기 위해 노력하고 있다. 하지만 관계당국은 이미 너무 늦어서 돌려줄 수 없다고 한다.

정부의 정책이 바뀐 후 남부 복음 성회가 합리적으로 요청하는 것을 당국은 계속 거절하는데 그 이유를 정부가 인정하지 않는 불법 단체이기 때문이라고 한다. 교회는 25년 동안 개 교회나 지역 교회, 교단 차원의 국가적인 교회로서 각종 회의를 열 수 없었다. 정상적인 교회 생활이 완전히 중단된 것이었다.

중부 고원지역의 소수부족 교인들이 최악의 대우를 받았다. 적어도

300여개의 소수부족 교회가 문을 닫았고, 공개적인 예배는 물론 모든 교회활동을 금지했다. 그 이후 예배는 가정에서 비밀리에 드려졌고, 그런 가운데서도 감시를 받을까 봐 두려움 속에서 활동이 이루어졌다. 이러한 차별의 이유는 일부 중부고원 기독교인 소수부족이 퓨로*FULRO* 해방 운동에 참여를 했고 1975년 이후에도 계속해서 공산주의자들에 대항했다는데 있었다. 적어도 200명의 목사와 리더들이 잡혀 감금되었다. 이들은 심한 억압과 고문까지 견뎌야 했다. 에데족의 이누에*Y Ngue* 목사는 심한 고문을 받아 영구적으로 불구가 되었다.

정부의 강경파들은 몬타나즈 소수부족 목사들의 억압을 조금씩 풀어주고 석방시킨 것을 후회했지만, 이미 기독교인들은 늘어나기 시작했고 서로 협력하기 시작했다. 풀려난 사람들은 다시 소그룹 처소 모임을 재개했다. 물론 항상 밖에서 감시하는 경계를 늦추지 않았다.

"비록 작은 여인에 지나지 않지만"

당반숭*Dang Van Sung* 목사의 아내인 디엡티도*Diep Thi Do* 부인의 이야기는 특별히 감동적이다. 이들 부부는 1953년부터 스티엥*Stieng* 부족을 섬기는 현지인 선교사들로 빙프윽*Binh Phuoc* 성에서 사역을 했다. 그런데 전쟁이 끝나기 약 2개월쯤 전에 공산당이 공격하여 숭 목사가 월맹군에게 잡혀갔는데 그 이후 소식이 끊겼다. 혼자된 도 부인은 6년 동안 아무도 만나지 않고 숨어서 지냈다. 기도 외에는 아무 것도 할 수 없었다.

우울한 시기 깊이 잠적해 있던 도 부인은 1981년 스티엥족 마을에 모습을 다시 드러냈다. 그때 시장에서 아주 낙심해 있는 스티엥 교인을 만났다. 키가 왜소했던 도 사모를 알아본 이들 스티엥 부족들은 그들의 리더가 되어달라고 간청했다. 수년 간 은둔해 있던 이들은 함께 예배하고 교제하고픈 마음이 간절했던 것이다. 도 사모는 이 만남이 하나님의 부르심이라고 믿었다. 그리고 그녀는 스티엥족 기독교인들을 모아 예배를 시작했다. 적대적인 관료들이 여러 번 그녀를 저지하려고 했지만 하나님의 도우심으로 이겨나갈 수 있었다. 1980년대에서 1990년대까지 도 사모는 스티엥 지역을 순회하며 그 지역 관료들의 방해를 무릅쓰고 닫힌 교회들을 다시 열도록 힘썼다. 그녀는 프읏롱*Phuong Long*지역에 2천 명이 앉을 수 있는 교회의 건축을 주도했다. 그것은 베트남 교회 중 가장 큰 규모였다. 그녀가 이 세상을 떠난 2008년 1월까지 그 지역에 스티엥족을 위한 3층 건물의 학교를 건축하고 있었다.

비록 남부 복음 성회는 여성에게 안수를 주지 않았지만 도 사모는 목회자로서 모든 역할을 감당했다. 결혼과 장례를 집례하고 성만찬을 인도했으며 교회의 리더들을 세웠다. 교회의 "감독*bishop*"으로서 모든 일을 주관한 것인데, 그녀의 용기와 영적인 권위에 대항할 사람이 없었다. 도 사모는 자기가 '모든 일을 할 수밖에 없었다.'고 고백했다. 남부 복음 성회는 도 사모를 위해 특별한 역할을 지정해 주었고, 리더들도 모두 그녀의 역할을 인정해 주었다. 도 사모는 자신을 "단지 작은 여인"이라고 묘사했다. 하지만 그녀의 믿음과 하나님에 대한 신뢰는 그녀가 55년 동안 섬겼던 수천 명의 스티엥족 기독교인 가운데 영적인 거인으로 남게 하였다. 그녀의 장례식에는 4천명이 넘는 조문객이 참석했는데 그때 나이 84세였다.

어려운 시기의 축복과 부흥

"키질과 정화"의 시기를 지나 1980년대 초 하나님은 사이공의 몇몇 교회에 예기치 못했던 축복과 부흥으로 찾아오셨다. 이 특별한 시기를 경험한 사람들은 당시 하나님께서 어린이들을 비롯한 여러 수단을 사용하셔서 공산화로 두려움 가운데 있던 교회 지도자들의 연약함과 불신앙을 일깨워 주셨다고 말한다.

베트남의 성도들은 탄압의 한 가운데 하나님이 능력으로 임하시기를 간절히 바라는 마음으로 여러 곳에서 모여 성경공부와 기도, 그리고 금식을 했다. 삶으로 증거하고 전도를 재개하니 새 신자들이 교회로 들어왔다. 새로 믿은 사람들이 놀랍게 변하자 믿지 않는 사람들이 믿음에 매력을 느꼈다. 하나님께서는 악령을 쫓아내 주시고 기적적인 치유로 당신의 백성들을 찾아오셨다. 특별히 중부 고원지역 소수부족 가운데 큰 치유와 기적의 역사가 일어났다. 고되고 힘든 재교육 캠프에 있는 동안 오히려 하나님에 대한 견고한 믿음을 가지고 변화되어 돌아와 가족과 친구들에게 복음을 나누기도 했다.

1978년에 사이공시 중심의 쩐까오반Tran Cao Van 교회는 비범한 부흥을 경험했다. 1983년 공산 정부가 호히우하Ho Hieu Ha목사를 체포하고 장기간 감금하여 이 부흥의 흐름이 인위적으로 끝나게 되었다. 공산화가 되기 전까지 하 목사는 부인과 중부 고원지역의 농Mnong 부족의 선교사로 사역했다. 그들은 전쟁이 끝나기 전에 사이공으로 피난을 와야만 했다. 그리고 하 목사는 이전에 오랫동안 국제 교회로 사용되던 쩐까오반 교회를 담임하도록 임명을 받았다. 그 건물은 공간

이 매우 넓었는데 법적으로는 남부 복음 성회 교회의 소유였지만 외국인이 모두 떠나서 비어 있었다.

하 목사는 초기 공산 정권이 들어섰을 때 두려움이 엄습했다. 그래도 용기와 부흥을 위해 간절히 기도했다. 하 목사는 아침기도회를 시작했다. 그리고 기도하던 어느 날 아침 갑자기 자신의 두려움이 사라지는 것을 경험하였다. 간절한 기도 모임이 계속되었고 더 많은 사람들이 모임에 참석하였다. 하나님의 간섭하심을 경험한 하 목사는 더욱 더 분명하고 용기 있게 복음적인 메시지를 선포했다. 1978년부터 1983년까지 교회는 매년 천 명의 새 신자를 얻었고, 그 중에 많은 사람들이 세례를 받았다.

1983년 12월에 더 이상 교회의 성장을 지켜볼 수 없었던 공안당국은 하 목사를 체포하는 동시에 교회의 문을 닫고 건물을 몰수했다. 당국은 또한 가까운 곳에서 역시 놀랍게 부흥의 역사를 경험하던 안동An Dong 교회의 누엔흐우끙Nguyen Huu Cuong 목사와 레티엔증Le Thien Dung 목사를 잡아들였다. 이들은 6년 간 투옥되었다. 1989년 미국의 부시 대통령을 포함한 국제사회가 강력히 옹호하여, 풀려나면 24시간 이내에 미국으로 망명을 가는 조건으로 석방해 준다고 약속했다. 이들은 조국을 떠나고 싶지 않아 이 조건을 받아들이지 않았지만, 결국 1년 후인 1990년 1월에 석방되어 망명을 갔다.

하 목사가 감금 되자 집에서 쫓겨난 부인은 비가 오는 계절이면 자녀들과 함께 발코니에 나가 생활한 것으로 유명하다. 그녀는 "발코니에서의 편지들"을 통해 어려운 환경에서 경험하는 하나님의 축복과 위로를 나누어 교인들을 축복하고 위로했다. 사실 이 두 교회는 문을 닫게 되었지만 그 신앙의 열정은 다른 곳으로 많이 확산되었다.

이 기간에 또한 절실히 필요하던 성경과 찬송가, 그리고 다른 문서들을 비밀리에 인쇄한 대담한 기독교인들이 있었다. 부흥을 경험한 목사와 평신도들은 자원하여 필요한 지역들을 순회하며 주님의 복음을 전했다. 공인 교회에서 나와 흩어진 교인들은 하나님이 주신 은혜대로 소그룹으로 집에서 예배를 드리기 시작했는데, 이것이 처소교회 운동의 서두였다.

사진에 나온 소녀

쩐까오반 교회의 부흥 시절 주님을 만난 사람 중에 세계적으로 유명해진 인물이 있다. 그녀는 '네이팜*Napalm* 소녀'로 혹은 낌푹으로 더 잘 알려져 있는 판티낌푹*Phan Thi Kim Phuc*이다.

네이팜 화염으로 인해 몸에 화상을 입고 나체로 큰 길에서 울면서 걸어가는 소녀의 모습을 1972년 6월 8일 닉웃*Nick Ut* 기자가 찍었다. 이 사진은 베트남 전쟁의 이미지 중에 가장 지울 수 없는 모습으로 남았다. 어떤 이는 이 사진이 진쟁을 중단하는데 한 역할을 했다고까지 했다. 베스트셀러 작가 데니스 정*Denise Chong*은 낌푹의 놀라운 이야기를 〈사진에 담긴 소녀 *The Girl in the Picture*〉라는 제목으로 써냈다.

다음은 그 이후의 이야기이다. 낌푹이 대중 앞에 나타난 것은 1996년 워

연설하는 낌푹 여인

싱톤디시에서 열린 베트남 전쟁 기념 행사 때였다. 1992년 캐나다로 망명을 갔지만 그 동안 베트남에서 받은 엄청난 스트레스로 조용한 날을 보내고 있었다. 공산 정부의 선전 도구로 사용되면서 완전히 탈진된 상태여서 정상적인 삶을 살아갈 수 있을지가 의문이었다. 기념행사에서 낌푹은 연설을 했고, 그녀에게 화상을 입힌 폭탄의 주인공이라고 밝힌 한 미국인 참전 용사를 그 자리에서 용서해 주었다. 이제는 더 이상 움츠러들거나 숨어 있을 필요가 없었다.

내가 킴에 관해서 처음으로 들었던 뉴스는 그녀가 베트남에서 신앙이 깊은 그리스도인이 되어 있었다는 것이다. 나 자신도 그와 어떤 관계가 있게 될 것 같은 예감이 들었다. 그녀를 믿음으로 인도하고 세례를 준 목사들의 이름을 내가 우연히 알게 되었다. 한 명은 내가 가르친 신학생이었고 다른 한 명은 나의 영적 아버지와 같은 베트남 목사였다!

1996년 말에 나는 캐나다 브리티쉬 콜롬비아주의 애봇포드*Abbotford* 에서 열리는 제10차 세계 복음 주의 펠로십*World Evangelical Fellowship*(WEF)을 주관하고 있었다. 나는 낌푹에게 1997년 5월에 있을 모임에서 간증을 부탁했다. 그녀는 나의 부탁을 들어주었다. 이미 1996년 가을에 캐나다 방송국(CBC)이 낌푹의 삶에 대한 다큐를 방영했다. 한 시간 방영된 이 다큐에는 그 유명한 사진을 찍기 바로 전에 있었던 상황들이 영상으로 나온다. 비디오를 찍은 카메라맨도 사진작가 닉웃과 함께 있었다.

세계 복음주의 펠로십(WEF)이 시작되는 저녁 2천 명이 넘는 사람들이 센트럴 하이츠Central Heights 교회에 운집했다. 조명을 어둡게 하고, CBC가 만든 다큐를 가장 큰 음량으로 30초간 상영했다. 전투기가 추락하고, 나무 숲 뒤에서 폭탄이 떨어지고 폭발하며 빨간 불똥을 튀겼다. 검은 연기 속에서 놀란 어린이들이 뛰어나와 카메라 쪽으로 달려왔다.

카메라는 이미 낌푹에게 초점을 마추고 있었다. 낌푹의 상반신 장면이 나오자 우리는 다큐를 멈췄다. 그녀가 공포 속에서 고함을 지르는 모습이었다. 그리고 조명이 무대의 오른쪽에 비추어 지고, 나는 낌푹을 에스코트해서 무대 중앙으로 나왔다. 그리고 "형제, 자매여러분, 낌푹을 여러분들에게 소개하게 된 것을 영광으로 생각합니다. 그녀 자신의 간증을 들으시길 바랍니다." 라고 소개했다. 그리고 장소는 쥐죽은 듯 고요해졌다.

그녀는 생생하게 예수 믿던 자기 친구가 쩐까오반 교회로 자신을 초대한 이야기를 나누었다. 그녀는 생의 의미에 관한 내용에 끌렸다고 했다. 그리고 하 목사님의 강한 메시지를 들었는데 꼭 자신을 위해 준비된 말씀 같았다고 했다. 하루는 그리스도를 믿어 자신을 맡기고 하나님의 은혜를 받아야 한다는 감동이 왔다고 했다. 호기심이 많고 총명하던 소녀의 믿음은 빠르게 성장했고, 혼란스러운 삶 속에서 가질 수 없었던 평온함을 찾았다. 그녀의 세계관이 바뀐 것이다. 1983년 12월, 낌푹이 예수를 믿은 지 1년이 지난 후 하 목사가 잡혀서 6년 간 투옥되었다. 교회는 문을 닫았고, 건물은 압수되어 공산당 청년 연맹에서 사용하기 시작했다.

낌푹이 이야기를 마친 후, 나는 그녀가 서있는 무대로 가서, 하 목사는 내가 가르치던 신학교 학생이었다고 말하고, 하 목사를 직접 본지가 얼마나 되었냐고 질문했다. 그녀는 "15년"이 되었다고 말했다. 그리고 바로 그 순간 조명이 왼쪽에 있는 문으로 옮겨지고 하 목사 부부가 등장을 했다.

다사다난했던 15년의 세월이 지난 후 이들 세 명이 2천 명의 관중 앞에서 재회를 한 것이다. 이들 세 명은 서로 부둥켜안고 울었다. 하 목사는 큰 소리로 하나님께 영광을 돌렸다. 이곳에서 눈시울을 적시지 않은 자는 한 명도 없었다.

낌푹은 예수를 믿은 이후에도 공산당의 선전도구로 잡혀 있었다. 공산당은 계속해서 그녀를 미국이 도발한 전쟁의 "피해자"라고 선전하며 끌고 다녔다. 외국기자를 상대로 인터뷰와 사진촬영이 끊이지 않았다. 전쟁에서 화상을 입었던 날로부터 13년이 지난 1985년 한 미국기자와 만난 자리에서 그녀는 그때 찍혔던 동영상을 보게 되었다. 자신의 유명한 사진을 수도 없이 보았지만 동영상을 보고 나서야 왜 자신이 그 끔찍한 전쟁의 살아있는 상징이 되어있는가를 진정으로 이해할 수 있었다.

당시 공산 정부의 팜반동*Pham Van Dong* 수상이 낌푹에 대해 특별한 관심을 가지고 그녀를 친딸처럼 대해주었다. 그녀를 하노이와 호치민시(구 사이공)에 초대하여 식사도 몇 차례 했다. 한번은 수상에게 끊임없는 인터뷰와 사진촬영의 요구 때문에 자신이 너무 지쳐있고, 꿈꾸고 있는 좋은 교육의 기회도 방해받고 있다고 호소했다. 팜반동 수상은 즉시 그녀가 쿠바에 유학을 가도록 주선을 해주었다. 팜반동 수상과의 마지막 자리가 될 것이라고 생각한 그날 킴푹은 정중하게 수상에게 복음을 전했다.

아는 기독교인이 한 명도 없었던 초기 쿠바에서의 생활은 쉽지 않았다. 쿠바에서 사귄 친구들이 하루는 북부 베트남에서 온 또안*Toan*이란 남학생을 소개해 주었다. 비록 열렬한 공산주의자였고 예수를 알지 못했지만, 그녀는 또안을 위해 열심히 기도했다. 킴푹은 하나님께서 이 사람과 결혼을 허락하셨다고 믿었고, 짧은 교제 기간을 거쳐 그들은 하바나*Havana*의 베트남 대사관에서 결혼식을 했다. 정부는 그들이 모스코바*Moscow*에 신혼여행을 가도록 허락해 주었다. 마침 비행기가 연료를 넣기 위해 캐나다 뉴펀들랜드*Newfoundland* 섬의 겐더*Gander* 시에 내렸을 때 그들은 비행기를 떠나 망명을 신청했다. 그것이 허락되어 그들은 토론토에 정착을 하게 되었다. 남편 또안은 캐나다에 도착한지 몇 주 후에 예수님을 영접했다. 그리고 둘다 토론토 근처 에이잭스*Ajax*에 있는 교회에서 활동적으로 봉사하게 되었다. 그들 사이에 두 아들이 있다. 1998년 낌푹은 부모님을 관광비자로 초대했다. 그녀는 부모님들이 캐나다에 남기를 원했다. 나에게 수속절차를 물어보았지만, 나는 아는 바가 없었다. 그녀는 "나의 유명한 사진을 이용하면 되겠군요!" 하고 절차를 밟아 부모님들이 영주권을 받게 했다.

자신이 안고 있는 육체적이고 정신적인 상처에도 불구하고 킴푹이 보여준 열정과 기쁨은 놀랄만하다. 그녀는 1997년 이후로 UNESCO의 홍보 대사로 세계를 돌고 있다. 킴푹의 삶은 온통 하나님을 믿는 믿음으로 가득하다. 자신이 겪은 특별한 이야기 덕분에 세계의 왕과 왕비, 대통령과 수상, 그리고 수많은 국가의 관료 등 셀 수 없이 많은 사람들에게 복음을 전할 기회를 갖게 되었다. 그래서 그녀는 하나님께서 자기가 어릴 때 겪은 "불행"으로 선례가 없는 지금의 사역을 준비하셨다고 여긴다. 그녀가 항상 하는 표현이 있다: "나의 몸을 태운 것은 폭탄의 불똥이고, 내 피부를 치료해 준 것은 의사들의 의술이었습니다. 그러나 나의 마음을 치유해 준 것은 하나님의 사랑의 능력이었습니다!"

이 모든 일은 1982년 공산당이 승리한 후, "암혹의 10년" 중에 있었던 쩐까오반 부흥운동에서 킴푹이 예수그리스도를 만남으로 시작되었던 것이다.

화상을 입은 부위를 보여주는 낌푹여인

교회를 조종하기

정부는 원하던 바와는 달리 교회가 오히려 압력과 억압으로 인해 성장하는 것을 보고 전략을 다시 생각한 것 같았다. 압력을 조금 느슨하게 하고 다시 한 번 교회를 하나로 통일시키려고 시도했다.

1984년 남부 복음 성회의 총회장 옹반후엔*Ong Van Huyen* 목사의 동의로 누엔반꽝*Nguyen Van Quang* 목사가 새로 구성된 위원회의 회장이 되었다. 정부의 압력으로 남부 복음 성회의 헌법을 폐지하고 새로운 헌법을 만들기로 동의했다. 대부분의 교회 리더들은 이것을 정부가 개신교회를 통일하여 조종하려고 시도하는 것이라고 믿었다. 이 사건은 교회 내 목회자는 물론 교인들 사이에도 분열을 가져왔다. 많은 사람들은 정부에 동조하는 것을 교회를 배반하는 것이라고 생각했다.

필요한 일 하기

대적이 장애물을 세워 놓으면 하나님의 사람들은 주로 그 주위에서 빠져나갈 길을 발견한다. 남부 복음 성회의 영적리더십이 부회장인 도안반미엥*Doan Van Mieng* 목사에게 내려갔다. 오랫동안 남부 복음 성회의 회장이었지만, 1976년 새 공산정권의 주도 하에 열렸던 총회에서 부회장으로 밀려났었다. 미엥 목사는 관계 관료들을 완전히 믿지 못할 사람들로 생각하여 대부분의 경우 그들과 협상하기를 거절했다. 그는 자기 생각에 교회를 지키고 보존하는 일에 필요하다고 믿는 대로 담대하게 행동했다. 하나님께서는 중부 소수부족의 교회들을 새롭게 하고 새로 세우는 일에 그를 사용하셨다. 미엥 목사는 이들 부족들을 업신여겼던 베트남 목사들과는 달리 부족 교회들의 고난을 마음으로 아파하면서 그곳 성도들과 좋은 관계를 가졌고 존경을 받았다.

공산 정권에 의해 해체되었던 중부 소수부족 교회의 조직을 새롭게 할 길을 찾아야 했다. 먼저 미엥 목사는 성 단위의 "기도 위원회"를 구성하도록 격려했다. 이 모임은 은밀한 기도 모임이었을 뿐 아니라 교회들을 관리하고 서로 정보를 교환하는 통로가 되었다. 이들 기도 위원회에서는 새로운 리더들을 훈련했고, 아주 어려운 상황이었지만 조용히 새 교회들을 개척했다. 필요에 따라 미엥 목사는 안수받지 않은 전도사들과 평신도 리더들에게도 세례를 주고 성찬식을 집례할 수 있는 권한을 주었다.

공산당의 승리는 베트남 개신교회에 지극히 중대한 사건이었다. 두려움과 혼돈으로 후퇴하거나 교회를 떠나가는 일도 생겼다. 많은 사람들이 극심한 억압과 핍박 아래 놓였다. 하지만 신실한 자들은 하나님으로부터 힘을 구했고, 하나님께서는 용기와 부흥으로 찾아와 주셨다. 교회의 지도자들은 창의적인 방법으로 교회를 이끌고, 가르치고, 성장시키는 길을 발견했다. 이 기간은 앞으로 있을 중요한 교회의 확장에 막을 열어 주었다.

깊은 환멸을 가져온 혁명

맹인의 천국*Paradase of the Blind*과 그 외의 소설들

베트남인 소설가 증투흥*Duong Thu Huong* 씨는 베트남 문화에 깊은 통찰력을 가지고 공산혁명의 성공 이후 수백만 명이 느꼈던 환멸에 관해 글을 썼다. 주19) 1947년 태생인 흥은 10년 가까이 미국과의 전쟁 기간과 1979년에는 중국과의 전쟁에서 전선에서 싸우는 병사들의 사기 증진을 위해 선전대원으로 일했다. 흥 작가의 역할은 "폭탄보다 크게 노래하는 것"이었다. 또한 간호병처럼 부상자들을 돌보았고 죽은 병사들을 묻었다. 그녀는 고난과 위험과 위대한 희생이 무엇인가를 직접 체험했다. 그런데 큰 희망으로 기대했던 혁명이 더 큰 고난과 손실로 나타났고, 이것은 위선적인 공산당 지도자들로 인해 가중되었으며 그래서 결국 곧 혁명에 대한 환멸로 연결되었다. 전쟁 중의 선전용 작품들로 당의 사랑을 한 몸에 받던 그녀는 세 번째 소설인 「맹인의 파라다이스*Paradise of the Blind, 1993*」의 출판으로 당의 눈총을 받는 자가 되었다. 이 소설은 호치민 시절인 1950년대에 있었던 토지개혁으로 수천 명의 농민들이 목숨을 잃는 끔찍한 내용을 다루었다. 이 작품은 공산당 수뇌부에 수치를 안겨주어 곧 판매가 금지되었다. 당시 당 서기장은 흥 작가를 "반동분자"로 불렀고, 그녀는 오히려 그것을 영예의 훈장으로 여겼다. 그녀는 당 모임에서 스스로 자기를 공산당에서 쫓아내는 투표를 하여 당에서 퇴출되었다.

주19) 그녀의 전기를 웹사이트 Wikivietlit 에서 『Duong Thu Huong』이란 이름으로 찾아볼 수가 있다. 저자는 흥작가의 작품을 번역한 Nina McPherson이다.

흥 작가는 1991년 수개월 동안 독방 감옥에 감금되기도 했다. 『이름 없는 소설』을 비밀리에 외국의 출판사에 보내려고 했다는 죄명이었다. 전쟁이 배경인 이 소설이 그녀가 쓴 3부작의 상편이었다. 소설을 번역한 니나 맥퍼슨Nina McPherson 씨는 소설에 나오는 해설자를 인용했다:

> *10년 전에 우리는 영광의 노래를 부르기 원했습니다. 영광을 가져오는 한 모든 살생도 좋았습니다. 그런데 전쟁은 참전 용사들의 꿈과 환상 속에 다시 나타나 괴롭혔고, 무자비한 자들은 불에 타고 피와 썩은 살의 시체로, 파리의 윙윙거리는 소리로 덮인 마을을 기억나게 했습니다.* (맥퍼슨 n.d)

흥 작가는 강한 감정과 소리와 냄새와 선명한 색깔을 불러일으키는 일에 달인이었다. 그녀는 현실과 초현실을 넘나들었고 베트남의 전통적인 설화의 기법처럼 실제와 창작의 구별이 불투명했다. 바위와 나무가 영적인 존재가 되었고, 죽은 병사들의 굶주린 영혼이 살아 있는 자들을 괴롭혔다.

흥은 전후 소설을 두 권 냈는데, 『순전한 봄의 회상Memories of a Pure Spring, 2000』과 『임자없는 땅No Man's Land, 2005』이었다. 마지막 작품은 가장 비극적인 대표작이다. 이 소설들은 영어와 프랑스어 외 10여 개의 다른 언어로 수차례 번역 출판되어 여러 나라에 알려졌지만 베트남에서는 금지 서적이다.

전쟁의 슬픔 The Sorrow of War

1994년 작품 「전쟁의 슬픔」은 아마도 베트남의 전쟁 소설 중 가장 잘 알려진 작품이다. 이 소설은 북베트남의 병사가 써서 영어로 번역되었다. 작가 바오닝Bao Ninh은 27청년여단Glorious 27th YouthBrigade의 500명 병사 중에 살아남은 10명 중 한 사람이다.

전쟁으로 애인을 떠나보내야 했던 주인공, 끼엔Kien은 전쟁의 끔찍한 경험을 견뎌낸다. 그의 보답 없는 사랑과 전쟁의 공포가 3차원적이고 초현실적으로 색깔을 계속 바꾸며 반복된다.

진정으로 애처로운 장면은 이들 젊은이들의 모든 희생과 사랑, 삶, 가족, 전통이 그들이 전쟁을 하도록 부추겼던 언약을 가져오는데 완전히 실패한다는 것이다. 바오닝은 전쟁에 노출된 상황에서 영웅적인 어떤 대가를 찾으려고 했다. 이 소설도 문제가 되는 줄거리로 베트남에서 금지가 되었다.

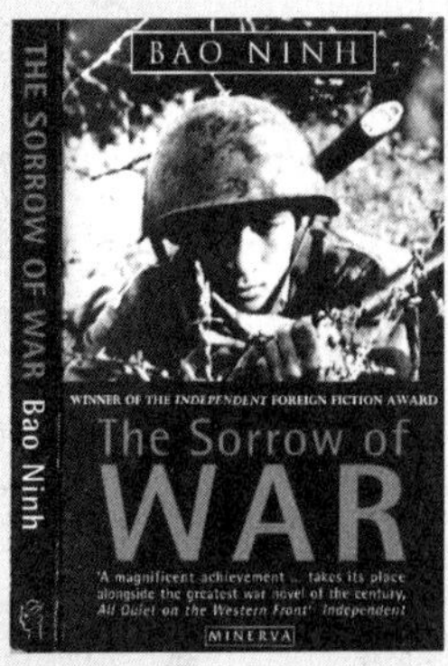

하지만 흥 작가와는 다르게 바오닝은 이 소설을 출판하고 나서 잠잠했다.

개인적인 상처와 기관의 압력이 너무 컸던 것 같다. 공산당 병사의 입장에서 전쟁을 바라보기 원한다면 「전쟁의 슬픔」보다 더 좋은 책은 없을 것이다. 다양한 출판사들이 여러 나라의 언어로 이 책을 재출판 했다.

CHAPTER 7

처소교회 운동의 탄생

Birth of the House Church Movement

이 운동에 기여한 요인들

1984년 베트남 남부 복음성회 리더십의 갈등이 4년 후 처소교회 운동의 시발점 역할을 했다. 교회를 유지하기 위해서는 정부의 정책을 따라가야 한다고 공식적인 입장을 취하는 남부 복음성회의 리더십에 대해 젊고 의식이 있는 목사들이 반기를 들었다. 이들 리더십은 "국(가) 영(업)*Quoc Doanh*" 목사라고 불리었다. 젊은 목사들은 특별히 정부와 소통하는 역할을 하는 N 목사를 신뢰할 수 없었다. N 목사는 성경과 기독교 문서들을 출판하던 지하교회의 한 형제를 정부 관계자에게 고발하여 7년 동안 감옥살이를 하게 했다.

또 다른 경우, 사이공에 1980년대 영적 삶이 활발하고 크게 부흥하던 뚜이리브응*Tuy Ly Vuong* 교회가 있었는데 딩티엔뜨*Dinh Thien Tu* 목사가 시무하고 있었다. 교인이 늘어 주일 예배를 몇 부로 나누어 드려도 교회가 차고 넘쳤다. 성장하는 교인들을 위해 가정모임들이 생겨났다. 그런데 남부 복음성회의 리더들 가운데 뚜이리브응 교회의 성장이 1983년에 정부가 부흥하던 쩐카오반 교회와 안동 교회의 담임 목사들을 잡아들이고 교회 문을 닫게한 것과 같은 결과를 가져올까

우려하는 사람들이 있었다. 또한 이 교회의 예배가 오순절과 성령파적charismatic 흐름으로 변하는 것을 걱정했다. 하나님의 성회Assemblies of God는 1970년대 초반에 오순절 교리와 신앙을 전했다. 베트남의 개방정책과 더불어 문이 열린 1986년 초기에 베트남을 방문한 사람들 중에는 영향력 있는 프랑스의 성령파 선교사도 포함이 되어 있었다.

도이모이Doi Moi 경제개방 정책은 구소련의 페레스트로이카(개혁 perestroika)를 모방한 것으로 그라스노스트(개방glasnost)는 아니었다. 베트남의 이 개혁은 막스주의의 경제적 방법을 시장경제로 바꾸는 개혁이었으며, 정치적인 개방의 조짐은 없었다.

베트남 남부 복음성회는 교회를 개척한 C&MA보다 오순절과 성령파에 대해 더욱 보수적인 입장이었다. C&MA의 창시자인 심슨 목사는 성령의 은사에 대해 "구하지도 말고, 금하지도 말라" 라고 설교했다. 결국 1988년 남부 복음 성회는 정부의 압력과 신앙노선의 요인 등을 지적하며 교단에 불순종했다는 명목으로 딩티엔뜨 목사를 제명했다. 하지만 뜨 목사 교회의 많은 교인들은 교회를 떠나지 않았다. 이미 모이던 가정모임들이 자연적으로 처소교회들로 변했다. 이후 크리스천 펠로십 교회Christian Fellowship Church로 불린 이 그룹은 한때 가장 큰 처소교회 였다.

같은 해에 남부 복음성회에 속한 다른 세 목사들, 보반락Vo Van Lac, 쩐마이Tran Mai, 그리고 쩐딩아이Tran Dinh Ai 목사가 여러 가지 중에 특히 "방언사용을 용납하고 방언을 한다"는 이유로 목회 정지 처분을 받고 제명을 당하는 일이 벌어졌다. 락 목사의 처소 그룹은 이후에 순복음Full Gospel 교회로 불렸고, 국제 포스퀘어International Foursquare 교회와 관계를 형성했다. 아이 목사는 자신이 1975년 이전 속해 있던 하나님의 성회와 다시 연결되었다. 아이목사의 그룹은 초복음적 운동Inter-Evangelistic Movement이라 불리었다. 얼마 되지 않아 초기 네 처소 그룹에서 갈라진 이 모임들을 외부의 교회와 선교단체들이 후원하기 시작하여 더 많은 처소교회들이 탄생하게 되었다. 초기 처소교회가 남부 복음성회에서 갈라져 나온 만큼 이들 간의 관계는 긴장과 대립적인 면이 강했다.

이들 초기 처소교회의 리더들은 1980년대 남부 복음성회에 있었던 기도 운동의 원동력이었다. 교회는 정체되었고 두려움에 쌓여 있었다. 영적 삶과 열정이 식어있었다. 그리스도인들은 공산 정권 밑에서 살아갈 준비가 되어있지 않다고 느꼈다. 그들은 부흥과 영적 능력을 갈망하게 되었다. 하지만 기도의 응답이 교회에서 쫓겨나는 것이 될 줄은 몰랐다. 남부 복음성회 밖으로 나오자 신생의 처소교회들은 급속히 발전했다. 많은 사람들이 복음적으로 담대한 리더들에게 끌렸다. 처소 모임은 기쁨이 넘치는 찬양과 증거, 기적, 그리고 예배 속에 임하는 성령의 능력으로 빠르게 성장했다. 이 운동의 리더 중, 특별히 뜨 목사는 초기 처소교회의 빠른 성장을 자신들이 남부 복음 성회에서 1972년과 73년 사이에 가졌던 훈련의 영향이라고 말했다.

그 당시 한 선교사와 현지 목사 두 명이 풀러 신학원의 선교대학원에서 교회 성장학을 공부하고 왔다. 그리고 그들은 이 교회 성장학의 원리를 베트남 목사들과 신학생들에게 가르쳤다. 그들에게 여러 가지

효과적인 교회 모델과 교회 개척 방법을 소개한 것이 가장 쓸모가 있었다. 그때까지는 수직적이고 교회건물 중심이었던 한 가지 교회 모델이 지배적이었다. 이 훈련은 다른 교회 모델을 제시했고, 억압된 환경에서 유연하고 실험할 수 있는 자유로움을 주었다. 이것은 교회건물이 회중의 삶에 필수적이라는 생각에서 벗어나게 했고, 중요한 점은 그로 인해 빠른 교회 성장이 가능할 수 있었다는 것이다.

폭발적인 시작

초기 10년간 4개의 처소교회는 폭발적으로 성장했다, 그 후 1990년대 말에는 성장이 늦추어졌다. 2009년에 통계에 의하면 처소교회는 적어도 2,500개의 처소에 25만 명의 신자가 있는 것으로 추산되었다. 4개의 처소교회 그룹 또한 70여 개로 급증했다.
현재 이들 그룹들은 한 개의 처소를 가진 그룹부터 수백 개의 처소를 가진 그룹까지 다양하다. 어떤 그룹은 하나님의 성회, 나자렛, 감리교, 메노나이트, 장로교 처럼 외부 교단과 연결이 되었다. 다른 그룹들은 외부의 지원을 받기는 하지만 독립적이다. 가장 큰 처소교회 그룹은 신자가 약 25,000~30,000명이라고 주장한다. 초창기 처소교회 운동은 도시에 국한되었다. 현재도 도시들에 많이 있다. 한 설문조사에 의하면 호치민 근교의 처소교회들이 한 주일에 예배를 드리는 숫자가 30,000명이 넘는다고 한다. 이것은 남부 복음 성회의 공인교회에서 모이는 약 22,000명보다 훨씬 많은 숫자이다.

지난 20년 동안 4개의 처소그룹에서 70개의 그룹으로 늘어난 데는 여러 가지 이유가 있다. 아시아, 북미, 유럽, 그리고 호주 등의 교회와 선교단체를 대표하는 사람들이 1990년대에 베트남으로 몰려들기 시작했다. 한 연구가는 거의 500개의 작고 큰 복음주의 단체가 베트남에서 어떤 일들을 진행하고 있다고 보고했다. 이중에는 베트남교민 주도의 단체들도 있다. 상당수의 단체들은 그들의 교회교단을 원했고, 현존하는 현지 사역자들에게 경제적인 도움을 주고 동원하여 처소교회 그룹의 분리에 영향을 미쳤다. 물론 어떤 이들은 다양한 교단과 단체가 많이 있는 것이 도움이 되며, 정부에서 관리하기가 힘든 이점이 있다고 말한다. 한국 교회가 "분열"을 통해 성장한 교회라고도 이야기한다.[역주)]

역주) 분열*division*과 분리*seperation*는 다르다. 분리는 의도적인 나눔이고 분열은 파괴적인 나눔이다. 분열까지도 승화시켜 선을 이루시는 하나님의 섭리로 한국 교회가 계속해서 성장했다고 볼 수 있지만, 하나님께서 분열을 좋아하실 리는 없다. '분열'을 '분리'로 극복하지 못한 교회와 교인들은 갈등의 상처와 쓴 뿌리로 인해 건강하지 못한 교회와 교인들이 되며 결국 교회 성장에도 부정적인 요소로 교회를 계속 분열시키게 되는 것을 보게 된다.

외부의 재정후원은 일반적으로 교회 사역자들을 지원하는 일에 사용되었다. 이들은 "선교사, 교회 개척자, 전도자"들이었다. 하지만 그동안 도움 없이 잘 지내던 교회의 전임 목사들까지도 외부의 재정 후원을 받게 되었다. 이것은 초기 50년 동안 원칙으로 지키던 베트남 개신교 선교의 삼자원칙과 충돌하는 것이다. 이 삼자원리는 토착화된 교회는 초기부터 스스로 교회를 꾸려나가는 것이 자신의 한정된 자원에 맞게 더 건강하고 자립적으로 성장할 수 있다는 것이다.

일부 처소교회들은 외부에서 쉽게 지원되는 후원으로 인해 교회가 계속 나누어지는 것은 복음을 건강하게 반영하는 것이 아님을 깨달았다. 1990년대 중반에 베트남의 처소교회들은 세계복음주의연맹World

Evangelical Alliance과 해외 베트남 교인 연합모임Vietnam World Christian Fellowship의 도움으로 VEF(베트남 복음주의 펠로십Vietnam Evangelical Fellowship)을 조직했다. 현재 VEF는 29개의 처소교회 교단과 함께 연합 사업을 전개하고 있다. 2009년에는 하노이를 중심으로 한 북부 베트남의 처소교회들이 HCF(하노이 크리스천 펠로십Hanoi Christian Fellowship)을 조직했다.

공인 교단인 남부 복음성회와 북부 복음성회와 연결된 북부의 소수 부족 교회들도 이 기간 동안 "처소교회"를 개척하며 많이 성장했다. 정부의 허락도 받지 못하고 교회를 지을 기금도 없는 상태에서 성도들은 처소교회가 유일한 대책임을 알게 되었다. 본인이 여기서 이것을 언급하는 것은 "가정교회house church"가 처소교회 그룹만의 모델이 아님을 밝히고 싶어서이다. 이 현상은 베트남의 정치적, 사회적, 경제적 현실에 대한 토착화적인 반응이라고 할 수 있다.

도시의 한 처소교회

호치민시 주일 9시. 이미 날은 바쁘게 돌아간다. 가장 좋은 옷을 차려 입은 사람들이 누엔씨의 3층에 있는 아파트를 찾아 분주하게 계단을 올라간다. 소파와 바닥에 앉은 18명이 응접실을 꽉 메웠다. 모임이 시작된다. 한 명은 기타를 치며 두 명의 젊은이가 크고 기쁨이 넘치는 목소리로 노래를 인도한다. 어떤 노래는 우리에게도 익숙한 찬양이지만 어떤 것들은 베트남의 전통적인 곡조이다.

이어서 40대 여성이 기도를 인도한다. 모인 자들에게 기도제목을 나누도록 한다. 모인 이들은 주저하지 않는다. 여러 명이 일자리를 잃어 일이 필요하다고 기도 요청을 한다. 두 명은 자녀가 아프다고 한다. 한 자매는 대학교 입학 결과를 기다리고 있다고 했다. 또 한 여인은 믿지 않는 남편으로부터 구타를 받았다고 남편을 위한 기도를 부탁한다. 가족들과 친구 중에 믿지 않는 자들의 이름이 기도를 위해 올려졌다. 그리고 남녀노소를 막론하고 8명이 그 후 20여분을 돌아가며 기도제목들을 가지고 기도한다.

기도가 끝나고 헌금 주머니가 돌아간 후 30대의 젊은 목사가 성경에서 베드로후서 4장 12-19절 말씀을 읽고 약 30분가량 말씀을 전한다. "앞으로 받을 고난에 놀라지 말라"는 말씀이다. 이 후 두 번 더 예배를 인도했다. 설교가 끝나자 여러 명이 기도로 응답한다. 목사의 축도가 끝나자 몇 명은 바로 자리를 떠나고, 나머지는 누엔씨가 가져온 차를 마신다. 그리고 조용이 한두 명씩 자리를 빠져 나간다.

CHAPTER 8

놀라운 흐몽족의 복음화

The Remarkable Hmong People Movement

산지의 한 처소교회

베트남 북서부 산지의 높은 곳에 라이쩌우*Lai Chau* 성, 므응떼*Muong Te*현이 있다. 이 현에는 수십 개의 마을이 있는데 그곳은 가파른 언덕 위에 십여 채의 나무와 초가집들이 옹기종기 모여 있다. 그런데 흐몽족이 사는 이 현에는 적어도 50여개의 마을마다 집에서 모이는 처소교회가 있다. 이제 그 중 한 마을을 소개하려 한다.

존경을 받는 방*Vang* 장로는 아내와 함께 자신의 집을 교회 처소로 열었다. 마을에서 눈에 띄게 깨끗한 집이었는데 마루 겸 안방에는 가족의 침대마루가 있고, 플라스틱 의자가 몇 개 놓여 있었다.[주20)]

아침 늦은 시각에 사람들이 모여들기 시작하더니 어느 새 삼십여 명의 남자어른과 몇 여인들이 방을 가득 메웠다. 그리고 대부분 중년 여인들과 어린 아이들을 안은 엄마 등 사십여 명이 방문 밖과 창문가로 모여들었다. 이들 여인들은 빨간색과 검정색이 섞여있는 흐몽족의 전통 옷차림이었다. 이제 올 사람은 다 온 것 같았다. 그러자 교회의

[주20)] 산골과 시골의 일반 집은 흙바닥에 마루 겸 침대 역할을 하는 큰 나무 평상이 있고, 나무 소파가 놓여 있다.

지도자로 섬기는 한 중년남자가 예배를 시작했다. 그는 약 11년 전에 극동방송Far East Broadcasting Company에서 흐몽족 언어로 복음을 듣고 예수를 믿었다. 그는 신앙 때문에 여러 번 불려가 심문을 받았고, 몇 차례 수감된 적도 있었다. 그는 기도를 시작했는데 이런 간구가 포함된 것이었다. "주님, 오늘 우리가 예배를 시작하는데 지역관리들이 방해하지 못하게 해주시길 바랍니다." 그리고 몇 명의 청년들이 열정적으로 찬양을 인도하기 시작했다.

찬양을 마친 후 예배 인도자는 기도 시간을 가졌다. 기도하자는 제목들은 간단명료했다. "아프신 어머니를 위해 주님에게 간구해주세요." "예수를 믿는다고 공안에 불려간 남편을 주님께서 보호해 주시도록 기도해주세요." "하나님에게 우리 엄마돼지가 건강한 새끼들을 낳도록 간구해주세요. 그렇지 않으면 저희가 굶게 돼요." "이번 주에 외진 마을에 복음을 전하러 가는 저희 형제들을 위해 기도해 주세요.

북부 베트남 박하의 플라워흐몽 산마을

전도를 못하게 되어있지만 우리는 가야 합니다!"

인도자는 흐몽 성경을 열었다. 종교국의 허락을 받고 종교 출판소에서 인쇄를 한 것이 아니니 불법도서였다. 베트남 내에 흐몽족 기독교인이 약 35만 명 있지만, 정부는 흐몽어로 된 성경을 단 한 권도 베트남 내에서 출판하는 것을 허락하지 않았다. 그러나 많은 성도들이 "불법" 흐몽 성경을 가지고 와서 주의 깊게 따라 읽고 있었다.[주21)]

주21) 극동 방송의 흐몽어 복음 방송을 통해 복음화의 불길이 베트남에 붙자, 90년대 말부터 외부에서는 '불법'으로 흐몽 성경을 '밀수 *smuggle*'해 왔다. 단기 선교팀의 서양 젊은이들이 여행을 들어올 때 한 짐씩 들고 오는 일이 일쑤였다. 그 가운데 공항에서 적발되기도 했지만, 수만 권의 성경이 그런 식으로 외부에서 베트남으로 흘러 들어왔다.

그들은 성경을 사용하면서 스스로 글을 깨쳤다. 흐몽족 교회 지도자들은 하노이에서 성경을 배웠고, 선교사들에게서 알파벳화 된 자신들의 언어를 배웠다. 그날 본문 말씀은 디모데후서 1장8절 말씀이었다. "… 주를 위하여 갇힌 자 된 나를 부끄러워 말고 오직 하나님의 능력을 좇아 복음과 함께 고난을 받으라!" 이 말씀에 화답하여 교인들은 기도를 하기 시작했다. 소그룹 모임을 하고 하나 둘씩 집으로 돌아갔다. 젊은이들은 남아 자신들의 모임을 따로 가졌다.

라디오 방송을 통한 복음

베트남 개신교의 가장 큰 복음화 운동은 매우 특별한 방법으로 시작되었다. 1975년 베트남, 라오스, 캄보디아가 공산주의에 의해 무너진 후에도 계속될 수 있던 사역은 라디오 방송이었다. 코호, 에데, 자라이 부족들의 방송은 오히려 더 증가했다. 성경이 턱없이 부족했기 때문에 성경을 읽는 방송은 꼭 필요했다. 또한 라디오 방송으로 예수 믿는 자들을 격려하고 강건케 할 수 있었다. 피난민이 된 현지 목사, 혹은 선교사들이 방송인이었다. 극동 방송국(FEBC)이 주로 그러한 프로그램을 내보냈는데 본부를 필리핀에 두고 전략적인 지역에 소수부족 방송을 만들어 보내는 것이었다.

호몽어 방송은 라오스의 공산정권을 피해 난민이 된 호몽족 존리 John Lee가 캘리포니아에서 방송을 준비하여 전파를 보냈다. 이 방송은 라오스의 흐몽족 뿐 아니라 베트남, 중국, 미얀마, 그리고 태국의 흐몽족에게도 보급할 목적이 있었다. 존리 목사는 설교에 은사가 있었다. 하지만 과연 자신이 하는 방송이 얼마나 영향을 미치고 있는 지에 대해서는 자신이 없었다.

그래서 존리는 방송을 하면서 예수를 영접한 이들에게 꼭 극동방송국에 편지를 보내도록 요청했다. 1987년부터 존리는 베트남에서 편

북부 베트남 박하의 플라워 흐몽 소녀들

지를 받기 시작했는데 1989년에는 편지가 홍수처럼 밀려왔다. 극동 방송이 지금까지 어디에서도 받아보지 못한 양의 편지가 쏟아져 온 것이다. 편지의 발신인들은 존리에게 자신들이 예수를 영접하였으니 더 많은 정보와 안내를 부탁한다고 적었다. 수천 통의 편지였다! 그 당시만 해도 직접 이들을 방문하고 도와준다는 것은 불가능한 일이었다. 그러나 그 당시 그 산지에서 어떤 일들이 일어났는지 차후에 밝혀지기 시작했다. 흐몽 목사들이 북부 복음 성회의 목사들에게 상황을 전한 것이었다. 또 다른 소식들은 고향과 나라를 등지고 외국으로 탈출한 존리와 같은 사람들을 통해서 전해졌다.

흐몽족의 복음화 운동은 초대교회처럼 어려움과 고난이 가득한 이야기이지만, 또한 축복의 이야기이다. 2005년, 지난 16년간의 핍박을 이겨내고 탈출한 한 용감한 형제의 이야기 속에 흐몽족의 복음화 이야기가 담겨있다. 땃*TAT*(가명)은 이제 35만 명에 가까운 흐몽족 신자의 초기 개척자 중 한 명이다.

땃TAT의 스토리

땃 형제와 그의 가족은 죽음을 무릅쓰고 베트남을 탈출하여 라오스를 걸쳐 2005년에 태국에 도착했다. 유엔 난민 상원 위원회(UNHCR)는 그들을 전형적인 난민으로 간주했다. 그런데 미국에 망명하려고 수속을 받던 중에 태국 이민국에 잡혀 일 년 간 방콕에 있는 수안푸*Suan Phu* 이주민 수용소에 갇혀있어야 했다. 그곳에서 그는 자신의 이야기를 글로 옮겼다. 아래에 나는 땃 형제가 쓴 내용을 상당

분량 인용했는데 그것이 흐몽 기독교 리더들에게 일어났던 일을 대표적으로 보여 주기 때문이다.[주22)]

주22) 이 정보는 땃 형제가 베트남어로 쓴 탄원서를 저자가 번역한 것이다.

> 산골에서 사는 다른 우리 부족민과 같이 우리는 전통적인 토속신앙을 가지고 있었고 나 역시 미신을 믿고 있었다. 우리 집안에 누가 병이 들면 그 병을 낫게 하려고 무당을 불러 죽은 조상과 신들에게 제사를 드렸다. 그런데 이럴 때마다 오히려 "신"에게 해를 받는 경우가 많았다. 해를 받지 않기 위해 피해야 하는 일도 많았다. 예로 집안에 두꺼비나 뱀이 들어오면 재난이 닥친다고 믿어 늘 조심했다. 개가 지붕 위에 올라가는 것도 재난을 부르는 일이었다. 그래서 항상 작은 일들에 신경을 쓰고 살아야 했고, 만족보다는 항상 불안한 생각이 가득했다. 식욕도 없었고 잠도 잘 잘 수가 없었다.
>
> 삶의 안정이 없던 이 시절에 라디오를 듣다가 '생명의 근원'이라는 방송을 듣게 되었고, 하나님을 신뢰해야 한다는 것을 깨달았다. 남동생이 둘 있었는데 이 방송 듣는 것을 좋아했다. 방송을 들은 후에 얼마나 진지하게 우리가 들은 내용을 서로 이야기하곤 했는지 모른다. 우리는 조상숭배와 다른 미신적인 신앙이 우리에게 도움이 되지 않는다는 결론을 내렸다. 그래서 우리는 1989년 8월 5일 기독교인이 되었다! 그 후 항상 사단과 마귀가 우리 가족을 유혹하지 못하도록 기도했고, 하나님께서는 우리의 기도를 응답해 주셨다.

땃 형제는 예수를 열심히 믿었고 용감한 전도자가 되었다. 그는 1989년부터 2005년까지 16번이나 붙잡혀 감옥에 들어갔다 나왔다. 어떤 경우는 며칠에서 마지막에는 3년까지 형을 살았다. 생각할 수 없는 고통이 따랐다. 일과로 산의 나무를 베고 돌 같은 땅을 고르는 노동을 해야 했다. 한번은 도구를 챙기지 못한 적이 있었다.

감옥소로 돌아가는 길에, 간수가 나를 땅에 넘어뜨리고 단단한 나무막대기로 때리기 시작했다. 등허리를 두들겨 맞는 통증은 말로 표현할 수 없을 정도였다. 그날 소변에 피가 섞여 나왔다.

한번은 땃과 동생들이 함께 중국 국경 지역에서 복음을 전하다가 잡혀서 6주간 감금되었다.

우리는 그날 호되게 맞았다. [추운 겨울이었는데] 밤에 담요도 없이 잠을 자도록 했다. 가지고 있던 가방과 신발도 압수당했고 베게도 없이 추위를 이겨야 했다. 우리의 다리는 쇠통으로 묶인 채로 차가운 시멘트 바닥에서 떨며 첫날밤을 지새웠다.

핍박은 기독교인이 살고 있는 마을에도 찾아왔다.

지역관리들이 찾아와 폭력배들처럼 행동했다. 그들은 한 가정마다 닭 두 마리와 막걸리 한 주전자를 내라고 요구했다. 그리고 마을 길에 날카로운 자갈들을 뿌리고 우리에게 그곳에 무릎을 꿇으라고 했다. 그리고 우리 앞에서 닭을 잡아 그 피를 마시고, 우리에게 당장 하나님을 저주하고 공산당에 충성을 맹세하라고 위협했다.

땃형제는 1990년대 중반쯤 라디오방송에서 존리 목사가 하노이에 있는 개신교회를 언급한 것을 들은 적이 있었다. 그는 하노이 교회를 찾아가 보기로 결심했다.

우리 모두 누군가가 기독교에 관해 가르쳐주길 고대했다. 그래서 하노이에 있는 교회를 찾아가기로 마음먹었다. 또한 하노이 교회의 목사들의 도움을 받아 심한 핍박에서 벗어 날수 있지 않을까 희망도 가져 보았다. 지역

관리들이 마을을 벗어나지 못하게 금지령을 내렸기 때문에 우리는 밤에 몰래 마을을 빠져 나왔다. 다음날 하노이에 도착했다. 그런데 우리가 찾아간 곳은 천주교 성당이었다. 그곳에서 하노이 교회에 대해 물어보았지만 대답을 해주지 않았다. 그들은 우리가 받은 핍박에 대해 이야기를 듣고 중앙정부에 탄원서를 올리도록 도와주었다. 그런데 우리가 "아차" 한 것은 하노이 공안당국에 보고한 탄원서에는 우리가 살고 있는 성의 이름과 우리들 13명의 실명이 그대로 기입되었던 것이다. 우리가 마을에 돌아가면 우리는 꼼짝없이 잡히게될 것이었다. 그래서 우리는 두 명을 먼저 정탐꾼으로 보내었는데, 마을에 가자마자 잡혀 감옥에 갇히고 말았다.

그 후 남아 있는 우리는 숭마*Sung Ma*의 H형제를 만나 혹시 라오스에 가서 하노이에 있는 개신교 교회에 대해 알아봐 달라고 했다. H형제는 라오스의 라오교회에서 하노이 교회의 주소를 알게 되었다. 9일 후에 그는 하노이에 돌아와 그 주소를 알려주었다.

H형제는 우리에게 흐몽 성경도 선물했다. 처음으로 흐몽 성경을 받은 나는 너무도 기뻤다. 다른 형제들이 나에게 성경을 가르쳐 달라고 부탁하여, 흐몽어 읽기도 가르쳐주고 성경공부도 했다. 며칠 후 우리는 하노이 교회를 방문했다. 하노이 교회의 투*Thu* 목사와 빙*Vinh* 전도사는 흐몽 신자가 있다는 것을 믿지 않았다. 그리고 우리에게 찬송을 불러보라고 했다. 우리가 아는 찬송을 힘차게 불렀다. 그제서야 목사님과 전도사님은 우리가 가짜가 아니라는 것을 믿어주었다. 이 일을 통해 하나님의 성령께서 우리를 강건케 해주었고, 우리는 용기를 내어 마을로 돌아갔다."

땃 형제와 그의 동료들은 성경을 밀수한다는 이유로 세 번이나 잡혀 들어갔다. 그 이후에도 잡힐 때 마다 벌금을 물게 했는데, 돈을 빌

려서야 지불할 수 있었다. 땃 형제는 마지막으로 투옥되면서 이 땅에서는 더 이상 자신의 장래가 없음을 확신하게 되었다.

밤에 끌려가 작은 방에 갇혔다. "당신이 왜 여기 왔는지 알아?" 하며 심문을 시작했다. 나는 "그리스도인이기 때문입니다"라고 대답했다. 그렇다고 고개를 끄덕이며 다시 물었다. "감옥소의 규칙을 알아?" 나는 모른다고 답했다. "그렇다면 우리가 가르쳐주지" 하며 네 가지 감옥의 규칙을 말해주었다. "첫째, 바로 복종해야 한다. 보아서는 안 된다. 알아서도 안 된다. 그리고 들어서도 안 된다" 이것을 항상 기억하고 따르라고 했다. 내가 마음에 새겨두겠다고 하자 "아니야" 라면서 먼저 나의 머리에 두드려 넣겠다고 했다. 벽을 보고 돌아서라고 말하고 "자 이것을 기억해"라며 나의 머리를 벽에 열 번 정도 쳐 박았다. 나는 그 후 기억을 잃었다. 머리가 깨지는 듯했고, 이러다 죽겠다는 생각이 스쳐갔다. 그들은 이제 내가 이 네 가지 규칙을 영원히 간직할 것이라고 말했다."

그리고 강제로 무릎을 꿇게 했다. 갑자기 가슴을 발길로 채여 나는 또다시 실신하고 말았다. 죽은 듯 누워있던 나에게 물을 부었고, 나는 어렴풋이 정신을 차렸다. 내가 정신을 차리자 이제 자신들의 말을 내가 알아듣도록 나의 귀를 뚫어주겠다고 했다. 나를 강제로 눕히고 한쪽 귀를 바닥에다 대도록 했다. 그리고 자신이 신고 있던 샌달로 나의 귀를 세 번 때렸다. 이제 얼굴을 돌려 다른 귀를 땅에 대게하고 다시 나의 나머지 귀를 세 번 때렸다. 정말로 그 후 약 2주 동안은 소리를 잘 들을 수 없었고, 지금도 나는 청각이 좋지 않다. 그러고 나서 두 명이 나를 눌러 타고 앉았다. 그리고 팔과 다리를 묶어 움직이지 못하게 했다. 횃불을 가지고 내 몸의 털을 태우고 돼지의 가죽을 벗기듯 나의 살을 갈아내기 시작했다. 불로 태우고, 살을 갈아

냈다. 이렇게 반복하더니 나의 복부를 횃불로 내려쳤다. 그러더니 횃불에서 숯덩이를 떼어 내 배에 글을 쓰고, 배 아래에 문질러댔다. 그때 이후로 오랫동안 소변을 보는데 어려움을 겪었다.

땃 형제와 글을 쓸 줄 아는 몇몇 사람이 수상에게 탄원서를 올렸다. 하지만 아무 반응이 없었다. 땃 형제는 마음속으로 결론을 내렸다.

"정부가 하는 일이라고는 탄원서가 어디서부터 오는지를 조사하고, 탄원서를 보내는 사람들에게 벌을 주는 것이구나."

결국 땃 형제의 인내도 바닥이 났다.

2005년 2월17일에 나는 팜반데*Pham Van De* 경찰서장으로부터 체포영장을 받았다. 나는 숨기로 마음먹었다. 올바른 결정이었다. 그들은 계속 체포령을 보내왔고, 사람들을 고용하여 나를 찾게 했다. 간혹 나는 밤에 집에 돌아와 아이들을 안아주었다. 아이들이 울먹이며, "아빠, 왜 물소를 찾아오는데 이렇게 오래 걸려요?"고 물었다. 사실대로 말을 할 수 없었던 나의 눈에서 눈물이 흘렀다. 아이들에게 누구에게도 아빠를 보았다는 말을 하지 말라고 당부하고 나는 숲으로 사라졌다. 아이들도 아빠가 공안을 피해야 하는 것을 눈치 채는 듯 했다.

나는 너무 오래 괴롭힘을 당해서 지쳐 있었다. 가족을 돌볼 수도 없었다. 하루 밤을 편하게 잘 수도 없었다. 나는 라오스로 도망칠 것을 각오했다. 물론 가족들도 따라오길 기도하는 마음으로….

땃형제는 망명을 요청하면서 다음과 같이 적었다.

단지 그리스도인이라는 이유로 16년이란 세월 동안 핍박을 받는다는 것을 더 이상 견딜 수 없었습니다. 하노이에서 발표한 종교 자유에 대한 새 법은 흐몽족인 우리에겐 아무 효력이 없었습니다. 우리는 벌금을 물었고,

고난을 받았고, 감옥에 잡혀가 고문을 당했으며 인간으로 받지 못할 온갖 모욕을 당했습니다. 가족과 소유를 버리고 자유를 찾아 고향 본토를 떠난다는 것이 너무 힘들었습니다.

모진 고난을 16년 동안 겪으면서도 땃 형제는 신앙을 포기하지 않았다. 그 동안 인근 성에 복음을 전했고 교회들도 개척이 되었다. 그가 방송을 통해 들은 복음을 산지로 전했다.

"좋은 소식을 가져오며 평화를 공포하며 구원을 공포하며 시온을 향하여 이르기를 네 하나님이 통치하신다 하는 자의 산을 넘는 발이 어찌 그리 아름다운고?" (이사야 52:7).

땃 형제가 받은 고난의 경험이 다른 많은 사람들에게도 있었다. 수십 명의 기독교 지도자들이 오랫동안 감금생활을 했다. 어떤 이들은 감옥에서 죽음을 맞이했다. 이들은 거대한 정부 수용소에서 아무도 모르게 죽임을 당했다. 그리고 수천 명의 신자들은 신앙을 포기하는 각서를 쓰도록 강요를 당했다. 하지만 계속해서 새 신자가 생겼고, 교회는 성장했다. 흐몽족 교회는 또한 이 복음을 다른 종족에게도 가져갔다.

불법 이주

관리들이 흐몽족을 고발하는 또 하나의 죄는 '불법 이주'였다. 기독교인들은 서북부 산지 지역에서는 견디기가 너무도 힘들어 베트남 내의 다른 지역으로 이주를 생각하기 시작했다. 1996년에 흐몽 족 사역을 하던 한 현지단체는 그 당시 생명의 위협을 받고 있던 한 중요한 리더를 도와 북부를 떠나 남부 베트남의 중부 고원지대로 이주하도록 도왔다. 그는 중앙 고원지역 몬타나즈 기독교인의 도움을 받아 새 이름, 작은 땅, 그리고 집을 얻을 수 있었다. 이 리더의 이주를 시작으로 북부의 흐몽족 기독교인들은 1,200km가 넘는 거리를 대이동하게 되었다. 정부의 통계에 의하면 37,000명이 넘는 사람들이 "스스로 이주"를 했다. 이들은 대부분 기독교인들이었다.[주23] 핍박을 피하여 집과 땅을 버리고 이주를 한 것이었다. 하지만 미리 예측하지 못한 새로운 어려움들이 이들에게 찾아왔다. 이주자들은 개간되지 않은 험한 땅에 정착할 수밖에 없었다. 베트남의 지역관리들은 이주자들이 어렵게 땅을 개간하여 첫 추수를 하려고 할 때를 기다려 이들의 이주를 불법으로 몰아 새 마을에서 쫓아내고, 땅과 곡물을 압수했다.

주23) 이 통계는 2008년 정부 종교국에서 개신 교회를 어떻게 관리할 지에 대해 훈련하기 위해 만들어진 '내부용' 매뉴얼에서 나온 것이다.

"나쁜 사람을 따르지 마세요."

베트남 정부는 2000년대 초기에 반-기독교적 선전물을 공개적으로 퍼뜨리기 시작했다. 간혹 흐몽어로도 인쇄되었다.

2001년 출판된 한 소책자의 겉표지에는 큰 뱀이 그려있고 제목은 "뱀의 독이 든 말을 믿지 마세요." 이었다.

2004년에 나온 한 책자는 기독교인들을 언급하며 “나쁜 사람들을 따르지 마세요.” 라고 경고했다. 주로 기독교가 현지문화와 전통에 대항한다는 내용이거나 아니면 기독교 신앙생활을 왜곡되게 표현한 그림책이었다.

변화와 개선

아이러니하게도 땃 형제가 베트남을 떠나고 나서 상황이 호전되기 시작했다. 2004~2005년의 새로운 종교법에 따라 북부 복음성회는 자기 교단에 소속하도록 받아 준 수백 개의 흐몽족 처소교회들을 등록하려고 했다. 그런데 등록을 신청한 교회가 500개가 되자 정부는 북부 복음성회에 더 이상 등록을 신청하지 못하도록 했다. 그 후 2006년 말까지는 아무도 허가를 받지 못했다. 2009년이 되어 160개의 교회 등록을 허락해 주었는데 이것은 천여 개의 교회 중 15%정도를 인정한 것이었다. 이제 등록이 된 교회들은 공인교회가 되었다. 하지만 지역관리들의 방해는 계속되었다. 종교법과 무관하게 교인들의 이름을 모두 공개토록 했고, 등록의 기한에 제한을 두었다. 또 한 지역 관리들은 등록을 핑계로 등록되지 않은 교회 프로그램의 행사를 막고 등록되지 않은 교인들의 교회 참석을 방해했다.

흐몽 교회의 과제

흐몽 교회는 리더의 훈련이 무엇보다 시급하다.[역주] 그동안은 주로 지하에서 훈련을 받았다. 비록 2007년 이후로 북부 성회가 주동이 되어 등록된 흐몽족 리더들을 위한 성경과 신학 훈련을 시작했지만 이것은 소수에게 한정이 되었다. 정부의 규제로 인해 어려움을 겪는 교회 리더의 훈련은 오히려 이들과 정부의 관계를 악화시켰다.

[역주] 물론 무분별한 외부의 검증되지 않은 훈련 프로그램은 교회를 분열시키고 경쟁과 의존성을 높이게 한다. 검증되고 흐몽교회에 부합한 리더들의 영성을 세우는 도움이 필요하다.

당의 이념, 현지 문화와 사회, 그리고 가족에 의해 배척 받는 상황에서 올바로 알려지지 않고 이해되지 못하는 개신교는 여전히 핸디캡을 안고 있다.

흐몽 교회는 아직도 공인된 성경이 없다. 당국은 대부분의 흐몽족 기독교인들이 사용하는 로마 알파벳으로 표기된 흐몽어로 성경을 출판하는 것을 허락하지 않고 있다. 당국은 호치민시대 언어학자에 의해 개발된 흐몽 활자는 허락하겠다고 하지만 그 언어를 아는 사람은 아무도 없다.

교회 리더들은 흐몽 교회의 성장을 막으려는 당국의 착상이라고 받아들인다. 그리고 '동방의 빛' 과 정치성이 강한 이단종교들이 훈련이 되지 않은 흐몽 교회에 침투하여 이들을 현혹하여 이단화된 교회들도 생기고 있다. 베트남 당국도 의도적으로 기독교를 흐몽족의 신화에 나오는 민족의 구세주 방주*Vang Chu*와 동일시하기도 했다. 그리고 흐몽 기독교인들을 국가를 분열시키는 정치적 위협 세력으로 선전하기도 했다.

베트남 당국은 정책적으로 마르크스주의가 모든 종교는 미신적이고 없어야 한다는 사상을 변형하여 동양의 전통적인 유교적 도교적 사상을 받아들여 "좋고 아름다운" 문화 전통과 신앙을 간직해야 한다고 선전했다. 이것은 흐몽족의 조상 숭배도 문화 전통으로 계속 유지해야 한다는 것이다. 기독교의 빠른 성장을 막아보려는 노력이다. 당국의 강압적인 규제 정책에서, 이제는 전통 신앙을 간직하는 가정들에게 포상을 해주고, 무당들을 통해 "서양종교"인 기독교를 버리도록 사회적으로 압박을 가하게 했다.

엄청난 숫자의 흐몽족 새 신자들을 위한 기본적 신앙훈련은 지속적인 과제이다. 북부 복음 성회 교회보다도 교세가 훨씬 큰 흐몽 교회를 훈련하는 것은 역부족처럼 보인다. 외부에서 온 강사들이 내부적으로 부족한 훈련의 필요에 중요한 역할을 한다.

또한 남부 베트남 교회는 90년대 중반부터 북부의 흐몽 교회들을 훈련하고 자신들의 교회와 협력을 모색했다. 하지만 현지 베트남인들도 이들 산지에서는 외부인으로 주의깊게 감시를 받기도 한다. 또한 외부의 이런 영향들이 늘어가면서 협력보다는 경쟁으로 분쟁을 일으키는 일이 생겨났다. 흐몽 기독교인들은 대부분 자신들이 한 몸에 속해 있다는 인식을 하고 있다.

20년 전 거의 제로에서 시작된 흐몽 교회는 현재 베트남 교회 운동의 중심에서 성장하고 있고 당국의 지속적인 경계와 핍박의 대상으로 남아 있다. 하지만 이 성장과 확산을 막으려는 당국의 어떤 정책도 흐몽족 가운데 임하신 하나님 나라의 확산을 막을 수 없었다.

CHAPTER 9

베트남 디아스포라

The Vietnamese Diaspora

1975년 공산당의 승리 이후 베트남을 떠나 해외로 나가는 네 번의 "출 베트남" 물결이 있었다. 첫 번째 물결은 흔히 말하는 피난민들이었다. 그들은 베트남의 패망과 함께 바로 미군들의 비행기와 군함을 타고 베트남을 탈출했다. 두 번째는 '보트 피플*boat people*' 로 베트남이 공산화가 되자 남부베트남의 사람들이 탈출했고, 1980년 이후로는 심한 가뭄과 빈곤을 피해 북쪽의 사람들도 탈출을 했다. 세 번째로 동유럽의 공산국가들이 무너지기 전까지 근로자와 유학생들이 소련 등 동유럽으로 떠났다. 그리고 마지막으로 1990년대 말부터 지금까지 수십만 명의 베트남인들과 베트남의 소수 민족들이 말레이시아, 한국, 대만과 더 멀리 중동과 아프리카까지 해외 근로자로 나가기 시작했다. 이 네 번의 출 베트남의 물결은 모두 베트남의 복음화에 큰 영향을 미쳤다.

나는 1975년 4월24일 마지막 남은 캐나다인들과 함께 베트남을 떠난 뒤, 바로 C&MA의 파송으로 태평양의 괌에 갔다. 그곳에는 15만 명의 베트남 난민들을 돌보는 미군들의 통역과 군목 선교사들이 10여 명 있었는데 그들의 리더로 간 것이었다. 우리들은 성경과 찬송가를 나누어 주고 믿는 자들을 위해 예배를 인도했다. 그리고 믿지 않는 자들을 위해 복음을 전하고 쪽복음을 나누어 주었다.

이들 피난민들은 괌에서 곧 본토의 미군 기지들로 후송되어 마지막 정착을 위해 이민절차를 밟았다. C&MA와 남침례 교단은 미군기지가 있는 포트 차피, 알칸사스, 캠프 팬들폰, 캘리포니아에 선교사들을 파송했다. 여기서 선교사들은 정부의 수속절차를 도왔을 뿐 아니라, 괌에서처럼 군목으로 섬기며 예배를 인도하고, 전도자로서 복음을 전하고, 아무 것도 없이 고국을 잃고 떠나온 이들의 위로자가 되었다. 이 기간 동안 상당한 숫자의 사람들이 믿음으로 인도되었다.

구조를 기다리는 35명의 보트 피플
(바다에서 8일 동안 표류하다
베트남 깜란만 북동쪽 560km
떨어진 곳에서 구조되었다.)

다음 피난민은 보트피플이었다. 처음 난민은 공산화가 된 남쪽에서부터 시작되었다. 하지만 1980년 이후에는, 특히 하이퐁시를 통해 북쪽에서도 많은 사람들이 베트남을 탈출했다. 많은 사람들이 남지나해에서 작은 배를 타고 표류하다가 상당수가 풍랑을 만나 목숨을 잃었다. 그리고 남지나해와 시암만Gulf of Siam에서 악한 해적들을 만나 목숨을 잃은 사람도 수없이 많았다. 하지만 많은 이들은 무사히 태국, 홍콩, 말레이시아, 필리핀, 인도네시아, 싱가포르 등에 도착했다. 멀리 한국, 일본과 호주까지 간 사람들도 있었다.

베트남 난민들은 또한 육로를 사용하여 국경을 넘었다. 캄보디아의 크메르 루즈와 킬링필드의 공포를 넘어 안전한 태국으로 탈출을 시도했다. 또한 어떤 이들은 메콩강을 건너 공산화가 된 라오스를 지나 태국으로 향했다. 이 육로의 탈출 도중에도 많은 사람이 죽었다.

믿기 힘들었던 보트피플의 고난

난민들의 고난의 이야기는 믿기가 어려울 정도이다. 1976년부터 1983년까지 나는 동남아시아에서 베트남, 캄보디아, 라오스에서 나온 난민을 돕는 사역을 맡아하면서 직접적인 접촉을 통해서나 베트남의 보트피플이 피난한 5개국에서 함께 일하는 직원들을 통해서 끔찍한 이야기들을 수없이 들었다.

필리핀에서 사역하던 한 동역자가 필리핀 해군에 의해 남지나해에서 구조된 어린 소녀의 이야기를 들려줬다. 삐쩍 마른 이 소녀의 몸에는 바다 갈

매기가 부리로 쪼아 먹던 자국이 있었다. 이 소녀는 타고 있던 작은 배의 엔진이 고장 나 몇 주째 표류를 하던 중 마지막으로 죽은 오빠의 찢겨진 살을 씹으며 생명을 유지했다는 것이다.

한 젊은 난민은 표류 중 한 어선이 자신들의 배에 접근하는 것을 보고 질겁하여 옆에 있던 배의 엔진오일로 아내의 머리와 얼굴과 손발에 문질러 어부로 가장한 해적들에게로부터 겁탈을 당하지 않도록 보호했다고 당시 긴박했던 상황을 이야기 했다.

만약 배 안에서 충분한 물품이나 금, 보석, 돈 등 귀중품이 해적들이 만족할 만큼 나오지 않으면, 젊은 여인이나 소녀들을 인질로 잡아 성추행을 하고, 이들을 바다에 던져 버리는 일이 종종 있었던 것이다. 때로 이들 해적들은 모든 여자들의 옷을 벗겨 놓고 마음에 드는 여자를 고르기도 했다. 만약 남자들이 이들을 보호하기 위해 나서면 변을 당하기가 일쑤였다. 증인들에 의하면 배들의 선박 번호를 기억하고 신고했지만 아무런 조치도 내려지지 않았다고 했다. (Mooneyham, 1980)

한번은 영국의 티어펀드- 눈물의 기금 설립자인 조오지 호프만씨를 도와 20대 베트남 여성을 인터뷰한 적이 있었다. 배에서 해적에게 납치를 당해 몇 주에 걸쳐 26대의 해적선에 옮겨지며 성추행을 당했다. 결국 그들은 이 여인을 구명 튜브에 실어 바다에 던졌는데 남부태국 해안에서 표류하던 자신을 한 어부-해적이(역주: 어부인데 해적 일을 일삼은 당시의 사람들을 그렇게 불렀다.) "불쌍히 여겨" 구조를 해주었다고 했다. 구조를 받은 이 여인은 경찰에 의해 체포되고 감금이 되었는데 이유는 신분증 없이 떠도는 외국인

이기 때문이었다. 나는 그 당시 이 여인의 이야기를 들으면서 너무 슬프고 답답하며 분노가 치밀어 올라 흐느낄 수밖에 없었다. 월드비전*World Vision*은 '씨스윕호*Seasweep*'란 구호선을 원조하여 바다에서 고통을 받고 있는 난민들을 구조하려 했다. 기아대책본부는 씨스윕호보다 작은 아큐나호*The Akuna* (후에 뱀부크로스-대나무 십자가라는 의미로 개명)를 보냈다. 다른 어선이나 해군선들이 난민들을 만나면 구조할 때도 있고 노선을 변경하면 지체가 될까봐 그냥 지나가는 경우도 종종 있었다. 이들 난민들의 배들 중에는 25만 평방 마일의 남지나해를 지나는 동안 아무도 만나지 못하는 경우도 많이 있었다. 어떤 난민들은 베트남을 떠나기 전부터 재앙을 만났다. 악한 배 주인들은 갈급해 하는 이들에게 거짓으로 안전한 여행길을 장담하면서 엄청난 돈을 요구하는 경우가 보통이었으며, 더한 경우는 공안당국에 이들을 넘기기도 했다. 또 어떤 이들은 배를 타자마자 베트남 해군에 적발되어 감옥에 잡혀 들어오는 경우도 있었다. 그리고 난민들의 숫자가 급증하므로 말미암아 이들이 피난을 간 나라들의 태도도 바뀌었다. 때때로 해안에 들어오는 배를 바다로 다시 밀어내는 일도 있었다. 종종 무사히 육지에 도착한 이들 난민은 고통당한 피난민이 아니라 범죄자 취급을 받았다. 결국 국제 사회의 관심과 서방 정부들과 기독교 단체들의 원조 약속이 있은 후에야 인도적으로 행동했고, 땅을 난민수용소로 사용하도록 허용했다. 거의 10여년에 걸쳐 목숨을 걸고 베트남을 탈출한 수십만 명의 난민들은 공산국가에서 살아가는 두려움이 얼마나 깊었는지를 세상에 알렸다.

미국 월드 릴리프, 영국 티어펀드, 구세군, 월드비전과 예수 전도단이 다른 많은 기관과 함께 동남아시아지역의 난민수용소의 난민들을 돕기 위해 많은 노력을 기울였다. 베트남어를 구사하는 경력이 많은 선교사들이 이들 선교단체들을 도와 일했다. 이들 선교사들은 수용소에서 예배를 인도하고 작은 예배당도 마련해 주었다. 이 예배당들은 수용소 안에 있는 난민들에게 복음을 전하고 주님의 사랑을 전달하는 중요한 장소가 되었다. 수많은 사람들이 이 수용소에서의 전도를 통해 주님께 인도되었다. 특히 월드릴리프는 미국의 복음주의 협회National Association of Evangelicals와 캐나다의 메노나이트중앙회Mennonite Central Committee와 협약을 맺어 난민들이 미국과 캐나다에 영구적으로 재정착하는 일을 도왔다. 미국과 캐나다의 여러 교회들을 동원하여 이들 난민들을 후원하도록 했다. 이 과정을 통해 많은 베트남 난민

수없이 베트남을 떠났던 피난선의 모습

들이 기독교인들의 사랑을 경험하게 되었다. 그리고 이들 다수가 그리스도를 영접했고, 스폰서가 되어 준 교회의 일원이 되었다. 이들 많은 사람들은 C&MA, 남침례교, 메노나이트교회 등의 베트남인 교회에 교인이 되었다.

이들은 피난의 멀고 험한 여정 속에서 자신들을 돌봐준 기독교인들과 만났고, 그 결과로 많은 이들이 믿음으로 인도되었다. 하지만 동남아시아 수용소에 있던 난민들 모두에게 제 3국으로 재정착할 기회가 주어지지 않았다. 수용소가 문을 닫자 남아 있던 난민들은 다시 베트남으로 후송되었다. 하지만 하나님은 이들 가운데서도 역사했다. "마이"*Mai* 여인은 베트남에 돌아와 아주 열심 있는 전도자가 되었다. (Voice of the Martyrs 2001, 259-92쪽)

근로자 : 공산국가에서 그리스도를 만나다

베트남 디아스포라의 다음 물결은 근로자로 나간 수많은 무리였다. 1980년대에 베트남은 북부지역의 사람들을 소련과 다른 동유럽권 공산국가에 근로자로 보냈다. 이들은 동유럽권의 공산주의가 무너지자 다시 베트남으로 돌아왔다. 구소련과 동유럽 공산주의가 붕괴되자 북미와 유럽의 재외 베트남 교회들은 소규모 팀을 이루어 이들 나라들에 있는 베트남 근로자들을 대상으로 선교에 나섰다. 이미 있는 소수의 기독교인들과 협력하여 근로자들이 머무는 기숙사들을 방문하여 복음을 전하고 쪽복음을 나누었다. 그 결과로 예수를 믿는 자들이 늘어났고, 셀 그룹이 형성되었다. 현재 북부 베트남 처소교회들의 상

재판에서 자신을 변호하는 누엔반다이 변호사

당수의 리더가 소련, 동독 등의 공산국가에 유학생이나 근로자로 갔던 사람들이다. 그 중에 동독에서 복음을 전해들은 누엔반다이*Nguyen Van Dai*는 동독에서 전도를 받고 베트남에 돌아와 법을 공부했다. 그는 성숙한 신앙을 가진 변호사로서 종교의 자유, 민주주의와 인권보호에 관심을 가지고 활동하고 있다. 그리고 2007년에 인터넷을 통해 종교의 자유가 침해 되었다는 허위 사실을 유포하여 정부에게 피해를 주었다는 죄명으로 실형을 선고 받았다. 2011년 3월 6일 남하*Nam Ha* 감옥에서 석방이 되었지만 4년 간 가택연금 선고를 받았다.

다이 변호사는 2007년 잡혀 투옥되기 전 자신의 신앙 간증을 블로그에 올렸는데, 그의 간증과 삶은 세계에 흩어져 있는 베트남 디아스포라들을 어떻게 하나님께로 부르시는가를 잘 보여주는 좋은 예가 되었다. 다음은 그의 간증문이다.

나는 어떻게 예수그리스도를 믿게 되었는가?

다이변호사 이야기

나는 1989년 11월부터 1990년 10월까지 구동독에서 일을 했다. 1990년 7월부터 서독과 동독의 왕래가 수월해지면서 베트남 교포 기독교인들이 동독의 도시들에 복음을 전하기 위해서 여러 나라로부터 왔다.

한 번은 젊은 청년그룹이 내가 살고 있던 기숙사 단지에 와서 우리와 이야기를 나누고 쪽복음을 전해주며 예수그리스도를 전했다. 우리 방에 4명이 기숙하고 있었는데 우리 모두 다 몇 종류의 쪽복음을 받았다. 나는 그 당시 베트남에 돌아가려고 준비 중이었다. 우리가 일하던 공장이 문을 닫게 되었는데 베트남에 돌아가기 전에 한 푼이라도 더 모으려고 안간힘을 쓰고 있었기 때문에 우리는 받은 쪽복음을 들여다 볼 시간이 없었다.

고국에 돌아가기 하루 전날 베트남에 가져갈 기념품을 사러 나갔다. 쓸만한 물건을 찾아보았지만 좀처럼 마음에 드는 것이 없었다. 그런데 한 가게 창문 안 전시대에 놓여있는 작은 십자가가 눈에 들어왔다. 십자가의 의미를 알지는 못했지만 왠지 마음에 들었고 구입하기로 결정했다. 나는 금으로 된 십자가 목걸이를 목에 걸고 집에 돌아와 다음날을 위해 가방을 챙겼다. 짐을 정리하며 이전에 받았던 쪽복음을 보게 되었다. 나는 군데군데 쪽복음을 읽기 시작했고 조금이나마 십자가가 무슨 의미인지를 알게 되었다. 그리고 내가 선택하여 고른 물건이 아주 큰 의미를 가진 것임을 깨닫게 되었다. 나는 베트남에 돌아가서 법을 공부하기 위해 대학에 입학했다. 공부에 전념하는 동안은 구입했던 십자가의 의미에 대해서 더 생각할 겨를이 없었다. 나의 가족은 불교 집안이었고 나는 음력 1일과 15일이 되면 시내의 유명한 절인 꽌쓰*Quan Su*사에 가서 좋은 일이 있도록 빌었다. 하지만 왠지 나의 일과 삶에서 내적인 평온을 찾을 수 없었다.

2000년 초에 비엣찌*Viet Tri*시 처소교회의 리더인 누엔티투이*Nguyen Thi Thuy* 자매가 공안에게 붙잡혀 "경찰의 임무에 저항"했다는 이유로 인민 재판소에서 1년 구형을 선고 받았다. 하노이에 있던 외국인 기독교인들이 투이 자매를 위해 기도하던 중에 변호사를 고용하여 항소를 해야겠다는 마음을 먹게 되었다. 그리고 그들은 투이 자매의 가족을 물질적으로 도왔다. 투이 자매의 가족도 변호사를 구하려고 동분서주했지만 변호사를 찾을 수 없었다. 하루는 그 가족이 하노이 짱찌*Trang Tri* 지역에 있던 쩌우*Chau* 변호사 사무실을 찾아왔다. 쩌우 변호사는 자기는 이 사건을 맡을 수 없지만 다른 변호사를 찾아봐 주겠다고 했다. 결국 쩌우 변호사는 나의 이름을 듣고 나에게 연락을 해왔다. "민감한 케이스"의 사건이 있는데 맡겠느냐는 요청이었다. 나는 결정하기 전에 먼저 케이스 파일을 보여 달라고 했다. 그 날 오후 나는 쩌우 변호사 사무실에 가서 인민재판부 3장의 판결문을 읽었다. 나는 지역 공안과 관계자들이 불법으로 시민의 기본 권리를 행사하던 투이씨 개인 권리를 침해하여 신앙의 자유를 유린하고 검거하여 재판을 통해 감옥에 가둔 것을 보고 분노하지 않을 수 없었다. 그래서 나는 그녀의 변호를 맡겠다고 결심했다.

항소하려고 그녀의 케이스를 조사하면서 나는 예수 그리스도와 그의 십자가에 대해 증거하는 많은 기독교인들을 만나게 되었다. 그 가운데 한 외국인 선교사가 나를 만나러 집에 찾아왔다. 그는 투이 자매를 개인적으로 알지는 못하지만 같은 믿음을 가졌다고 했다. 그는 내가 그녀의 변호를 맡기로 했다는 소식을 듣고 매우 기뻤다고 했다. 놀랍게도 그는 여러 가지 어려움을 무릅쓰고 나를 만나기 위해 베트남에 온 것이었다. 그는 여러 나라의 수천 명의 기독교인들이 투이 자매와 나를 위해 기도하고 있다고 말해줬다. 그의 말을 듣는 순간 나의 마음이 뜨거워졌다. 10년 전에 동독에서 구입했던 십자가목걸이가 생각났다.

며칠이 지난 후 한 친구가 나를 응오짬가*Ngo Tram* 2번지에 있는 하노이 교회의 전도 집회에 초대했다. 그날 아내와 나는 예수그리스도를 구주로 영접했다. 이제 우리는 그리스도를 믿는 자들이 되었다.

참조: 다이 변호사의 수고에도 불구하고 투이 자매는 항소에서 지고 말았다. 하지만 다이 변호사는 이 경험을 통해 그의 삶의 새로운 전환점을 맞이한 것이다.

노동력의 수출과 복음의 수입

21세기를 맞아 처음 10여 년 간 베트남 해외 근로자의 물결이 새롭게 일어났다. 이들은 말레이시아, 한국, 대만, 그리고 멀리는 중동까지 뻗어 나갔다. 간혹 불법 체류자가 되기도 하지만, 대부분은 2~3년 일을 하고 다시 고향으로 돌아왔다. 베트남사람들은 근로자로서 근면했기 때문에 사람들이 선호하여 그 수가 수십만 명으로 늘어났다.

가장 많은 숫자가 말레이시아로 일하러 갔다. 2009년 통계에 의하면 그 동안 2십만 명이 말레이시아에 고용이 되었고, 그 당시 5만5천

명이 일하고 있었다. 특히 북부 베트남 출신 젊은이가 대부분이었는데, 여러 선교단체들은 전도를 자유롭게 할 수 없는 북부 베트남의 복음화를 위해 주어진 엄청난 기회로 보았다. 그래서 이들 선교 단체들은 재외 베트남 교포, 외국인 선교사, 그리고 베트남 내의 사역자들을 말레이시아로 동원하기 시작했다. 많은 말레이시아 현지 교회들이 베트남 근로자 선교에 동참했다. 2002년 이래로 비전을 가진 한 말레이시아 변호사를 통해 UFINUnited Friendship Initiative의 선교 연합 운동이 전개되었다.

UFIN의 보고에 의하면 말레이시아에 온 전체 근로자의 25%에 해당하는 자들이 교회 모임에 참석했거나, 기독교 책자를 받았거나, 교회와 선교단체의 사회적 도움을 받았다고 했다. 불행히도 많은 근로자들이 현지의 회사나 근로자 주선 업체에게 불이익을 당했기 때문에 UFIN은 그러한 근로자에게 법적인 도움도 주었다. 또한 2003년부터 2009년까지 선교 연합운동의 열매로 총 2만7천 명의 결신자가 있었다고 했다. 그리고 UFIN에 의하면 이들 다섯 명 중 한 명은 귀국하면 베트남 교회와 잘 연결이 되었다고 한다.

근래에는 중부와 북부지역의 소수부족들도 이들 근로자에 포함이 되었다. 2009년에는 말레이시아로 간 5만 명의 근로자 중에 만 명이 소수부족이었다. 몇 소수부족은 이전에 한 번도 복음을 접하지 못했는데 말레이시아에서 처음으로 복음을 전해 듣게 된 것이다. 자신들의 부족 중에서 처음으로 예수를 믿는 자가 되기도 했다.

베트남 근로자를 대상으로 하는 사역은 한국에서도 일어나고 있다.

외국인 근로자 사역을 하는 교회가 늘어나고 있고, 베트남 근로자를 대상으로 사역을 하는 교회들도 많이 있다. 이들 중에 사역자로 헌신한 자들을 위해 신학 훈련도 하고 있다. 대만에서 활동하는 한 선교단체는 특별히 대만인과 결혼한 베트남 신부들을 위해 상담 사역을 하고 있다. 가난을 벗어나려고 대만에 온 이들 여인들은 원하는 행복을 찾지 못하기가 일쑤였다. 문화와 언어, 그리고 나이의 차이를 극복하지 못한 가정이 많이 있고 이 "불행한" 결혼을 벗어나려고 발버둥치는 베트남 여인들을 도와 가정을 회복하고 정착을 돕는 사역이 이루어지고 있는 것이다.

캄보디아에 사는 베트남인

베트남 디아스포라를 이야기할 때 캄보디아를 빼놓을 수 없다. 캄보디아에는 백만 명이 넘는 베트남인들이 살고 있다. 전쟁 전에 캄보디아로 간 베트남인들은 톤레삽*Tonle Sap*과 같은 보트*boat* 마을 어부들로 살아간다. 프랑스 식민지시절에 베트남의 숙련공들을 캄보디아로 데려간 시기도 있었다. 교육을 받지 못했거나 가난한 베트남인들이 프놈펜*Phnom Penh*과 시엠립*Siem Reap*의 슬럼가에서 살아가고 있다.

그리고 베트남이 유엔의 압력으로 캄보디아에서 철수하던 1990년에 캄보디아에 남은 베트남 군인과 관료들이 있었다. 또한 1991년에서 1993년 유엔군이 주둔하는 기간 동안 베트남의 젊은 여성들이 캄보디아에 성매매로 팔려왔다. 이들 많은 여성들은 베트남에 다시 돌아가지 못했다. 지금도 캄보디아와 태국의 지하세계에서는 베트남 소녀들을 인신매매하고 있다.

1990년대 중반이 지나면서 몇 선교 단체들이 캄보디아에서 베트남인들을 상대로 선교를 시작했다. 구제, 학교에 가지 못하는 아동들의 교육 제공, HIV/AIDS 환자 대상의 의료사업, 직업 훈련, 그리고 개발 사업 등을 통해 이들을 돕기 시작했다. 전도와 교회 개척도 진행되었지만, 복음에 대해 저항이 큰 것을 이들 단체들은 느낄 수 있었다. 2010년의 한 침례교 선교사가 진행한 조사에 의하면 캄보디아에는 약 40여개의 작은 교회에 천 명 가량의 베트남인이 있다고 했다.

결론적으로 외국으로 나간 베트남인들에게 강압적이든 자율적이든 복음과 교회를 접할 기회가 주어졌다. 그리하여 기대하기 힘든 환경에서 많은 베트남인들이 예수를 믿게 되었고, 베트남에 돌아와 이제 받은 축복을 나누는 자들이 되었다.

CHAPTER 10

베트남과 종교의 자유

Vietnam and Religious Freedom

베트남은 20여 년 전에 마르크스주의 경제를 버리고 수백만 베트남인들의 삶을 향상시켰다. 하지만 남아있는 다른 네 공산주의 국가–북한, 중국, 라오스, 쿠바–처럼 베트남도 일당 체제와, 전체주의, 그리고 종교에 대한 반감을 포기하지 않았다. 이 장에서는 특별히 베트남이 개신교를 "법"을 통해 어떻게 관리하려 하고 있는지 근래 현황을 살펴보고 미래를 전망해 보려고 한다.

오픈도어스*Open Doors*에서 발표한 세계의 핍박 받는 교회의 순위에 의하면 베트남은 지난 12년 중 8년 동안 가장 핍박이 심한 나라 10위권 안에 들어 있었다. 미국 국무부가 세계의 종교 자유를 평가하는 블랙리스트인 "특정 우려 국가들(CPC *Countries of Particular Concern*)"의 2004~2006년 보고에도 가장 핍박이 심한 나라 10위권에 베트남을 넣었다. 지금의 발전을 보면 좀 심한 평가처럼 보이지만 결코 잘못된 보고가 아니다. 근래에 보여준 약간의 개선은 환영할 만한 일이지만 결코 다 괜찮다는 의미는 아니다. 오히려 괜찮은 것과는 거리가 한참 먼 상태이다.

그들은 종교를 공산 혁명의 적으로 간주한다. 억눌린 자들에게 마약과도 같이 내세에 더 나은 삶이 있다는 희망을 갖게 함으로써 봉기하는 일을 하지 못하게 하기 때문이다. 정통 공산주의 이론은 사회주의 시스템이 잘 돌아가서 국민들의 물질적이고 사회적인 요구를 만족시켜 주면 종교가 필요없어질 것이라고 말한다. 하지만 공산 정부들은 종교가 스스로 사라지는 것을 기다리지 못하고 적극적으로 앞장 서서 없애 버리려고 하는 것이다.

하지만 역사는 억압적인 공산주의 시스템 안에서도 종교는 죽지 않는다는 것을 보여준다. 구소련에서도 그랬고, 중국에서도 그랬다. 오히려 강한 억압은 종교를 더욱 번창하게 만드는 듯하다. 그리고 이것으로 인해 갈등이 계속된다. 그 안에 있는 끈질긴 생명력 때문에 종교는 "임시적"으로 수용되어야 한다. 공산주의 시스템은 본능적으로 이 종교라는 끈질기고, 위험하고, 위협적인 현상을 컨트롤하는 것이다.

이들의 첫 번째 전략은 종교의 리더들을 선임하여 혁명적인 노선에 긴밀히 협조하도록 하는 것이다. 공산주의에 동조하는 리더들을 통해 "애국적인 교회"를 창조해 내는 것이다. 우리가 살펴본 대로 공산 정권은 두 번씩이나 남부 복음 성회를 "애국적인 교회"로 만드는데 실패했다. 또한 남부의 복음 성회를 자신들이 한동안 컨트롤하던 북부 복음 성회와 연합하는데 실패했다. 위의 노력이 있을 때마다 교회는 정권과의 협력이 도움이 될 것이라는 쪽과 절대로 공산 정권과는 타협할 수 없다는 쪽 간의 갈등이 심화되었다.

또 하나의 관리 기구는 조국전선*Mat Tran To Quoc*이다. 당에서 조직한 기구로 "대중의 단체"들 즉, 종교단체, 여성단체, 혹은 노동조합들이 일당 체제를 옹호하며 활동하도록 하는 것이다. 공산당 아래의 어느 단체도 완전히 독립적이거나 자발적인 비정부 기관이 될 수가 없는 것이다. 남부 복음 성회의 동조를 얻지 못한 정부의 방법은 교회를 소외시키는 것이었다. 자신들과 동조하지 않는 목사들은 "반동"으로 낙인찍었다. 공산화 이후 25년간 교인들의 존경을 받는 복음 성회의 리더들은 대부분 "반동"의 부류가 되었고, 교회는 노회와 총회 등의 모임을 가질 수 없었다.

법과 종교의 자유

1992년의 베트남 헌법 제 70조항은 "신앙을 가지거나 가지지 않을 자유"를 보장한다. 그리고 계속해서 "아무도 이 권리의 침해를 허용하지 않는다"고 되어있다. 베트남은 또한 전 세계적인 인권 선언문과 국제 시민과 정치 권리 언약의 서명 국가이다. 하지만 위의 어떤 약속도 일관성과 진정성을 가지고 지켜지지 못하고 있다.

공산주의로 통일을 이룬 이래로 베트남은 종교를 일련의 종교 법령의으로 다스려 왔다. 그 중 가장 최근의 법령은 1999년에 발효된 종교 26법령이다. 종교의 혜택과 권리는 적었고 거의 지켜지지 않았다. 그리고 비밀스러운 정책을 세워 베트남의 소수민족들 가운데 개신교회가 빠르게 성장하는 것을 막았다.

베트남은 종교를 관리하기 위해 거대한 관료체제를 유지한다. 정부

주24) 혹은 중앙종교국 *Central Bureau of Religious Affairs* 또는 종교위원회 *Committee of Religious Affairs*라고도 불린다.

에 종교국[24]이 있고 그 밑으로 여러 계층의 정부 산하기관들이 있다. 내무부 산하 공안국Ministry of Public Security에 특별 공안 구성 단위를 두고 여러 종교 활동을 감시하고 관리한다.

상충되는 두 가지 정책

베트남 당국은 종교의 자유에 관하여 질문을 받으면 관례적으로 헌법과 다른 문서에 표면적으로 기재된 "종교 자유"의 보장을 들고 나온다. 대중의 눈앞에 또 다른 현실은 존재하지 않는다는 말이다.

그런데 2000년에 "비밀"과 "일급 비밀"이라고 표기된 개신교에 대한 몇 가지 정부 정책 자료들을 종교 자유 옹호 단체가 입수하여「종교를 막는 지침서」(Freedom House Center for Religious Freedom 2000)라는 제목으로 번역하여 출판하였다. 이 자료에 들어 있는 희귀한 정보를 통해 우리는 베트남 산지의 부족 교회들이 어떻게 탄압을 받았고 실제 그들이 취하고 있는 정책과 태도가 어떤 것인지를 알 수 있다.

한 자료는 동유럽의 공산주의를 무너뜨리는데 기독교회가 중요한 역할을 한 것에 깊은 우려를 표명하고 있었고, 또 다른 문서는 기독교 교회를 "적대적" 이고 "위험한" 것으로 간주하며 교회를 탄압하는 10가지 정책을 권장하고 있었다. 이 문서에는 "열심히 종교 지도자들을 관리"하고 "선전propaganda을 예술적으로 끌어올려 선전이 아니라 실제로 받아들이도록" 하라는 지침서가 포함되어 있었다.

또 다른 자료는 고위간부급 인사들로 구성되어 반기독교 정책을 마련하도록 만들어진 184 지도위원회*Guidance Committee 184*를 자세하게 설명했다. 그 위원회의 사명은 "아직 종교가 없는 지역과 소수부족들에게 종교가 확산되지 않도록 멈추게 하는 것"이었다. 이 자료에는 기독교인들을 '설득하여' 사인을 받는 양식이 포함되어 있었는데 기독교 신앙을 포기하고 자신들의 전통적인 토속신앙으로 돌아간다는 내용이었다.

2003년 캐나다 복음주의 펠로십*Evangelical Fellowship of Canada*의 종교 자유 위원회는 '뚜렷이 다르고 상충되는 두 가지 정책' 주25)이란 제목의 문서를 출판했다. 이 글은 베트남에게 좋은 말로 공식 정책을 조금 더 잘 지키라고 하는 것으로는 충분하지 않다고 한다. 베트남 자체가 내부적으로 인권을 존중하는 민주 정부로서 국가적으로 정말로 지킬 참된 정책을 내놓아야 할 필요가 있다고 주장하고 있다.

주25) 이 자료와 다른 베트남의 종교 자유에 관한 문서들을 http://www.evangelicalfellowship.ca에서 찾아볼 수 있다.

뜻하지 않은 수혜자

'뚜렷이 다르고 상충되는 두 가지 정책*Two Distinct and Conflicting Policies*'은 저자들이 생각하지 못했던 더 높은 자리에 전달되었다. 당시 정부 종교국 관료들은 교회 리더들을 개인적으로 가끔 만나는 일이 있었다. 어느 날 차를 마시던 자리에서 한 관료가 이 자료를 꺼내어 현지교회 리더에게 이 자료를 본적이 있는지 질문을 했다. 비록 자료에 대해 자문은 한 적이 있지만 솔직히 이 자료는 보지 못했다. 그 관료는 말하길 "애석하지만 이 자료의 내용은 거의 사실이다. 그래서 이 자료를 정부의 최고위원들 21명의 책상 위에 준비하여 올려놓았다." 이 종교국 관료는 프랑스의 한 천주교 기관 홈페이지에서 베트남어로 번역된 이 자료를 발견했던 것이다. 이 자료를 준비한 자들에게는 꿈을 이룬 것과 같았다. 이 문서는 권력에게 진실을 말하고 있었기 때문이었다.

'자유Freedom' 스토리

여섯 명의 메노나이츠 교인들은 집(사무실 겸 처소교회) 근처에서 잠복근무하던 공안과 말다툼을 한 적이 있었다. 그로부터 4개월이 지난 2004년 6월 30일, 그들은 모두 검거되었다. 인권 운동 지도자로 알려진 누엔홍광*Nguyen Hong Quang* 목사의 집에서 일어난 일이었다. 메노나이츠 6인으로 알려지게 된 이들 중에는 21살의 총명한 레티홍리엔*Le Thi Hong Lien* 양도 있었는데 리엔은 교회의 어린이교육을 맡고 있었다.

이들 6명은 다 구속되었다. 이들 중 남자 5명은 8월 달부터 가족의 면회가 허락되었는데 리엔 양은 10월이 되어서야 가족 면회가 허락되었다. 그제서야 그녀의 부모는 건강하고 총명하던 딸이 아주 쇠약해져 있음을 알게 되었다. 11월 12일 재판에서 이들 모두는 "공안요원의 공무방해"란 죄목으로 유죄를 선고 받았는데 그때 리엔 양의 건강은 너무 악화된 상태라 자리에 서 있을 수도 없었다. 그녀의 목사이자 함께 재판을 받던 광 목사는 리엔은 건강상 재판을 받을 수 없다고 호소했다. 하지만 그의 의견은 묵살되었다. 리엔 양에게 일 년 형이 선고되었다. 그녀는 찌화*Chi Hoa* 감옥소에 수용되었다가 이후에 똥레찬*Tong Le Chan* 감옥소로 옮겨졌다.

재판이 지난 며칠 후 면회가 허락되어 방문한 리엔 양의 부모는 딸이 너무 아파서 인근 병원으로 옮겨졌다는 말을 들었다. 그러나 딸을 만날 수 없었다. 그 다음에 면회가 허락되었을 때 그들은 딸을 감옥소의 진료소에서 만나 볼 수가 있었다. 그녀의 아버지는 딸이 너무 마르고 약해 알아 볼 수 없을 정도였다고 증언했다. 딸의 온몸은 딱지 투성이 였고 얼이 빠져있었다. 그녀의 눈은 허공을 멍하니 바라보고 있었고, 부모조차 알아보지 못하는 듯 아무 말도 하지 않았으며 주위의 상황을 파악하지 못하는 듯했다. 간수의 조그만 소리와 그림자만으로도 두려움에 몸을 움츠렸다. 딸의 팔과 얼굴에 있던 멍은 분명 구타를 당했다는 것을 짐작하게 했다. 육체적인 구타는 물론 정신적 분열 증세를 보이고 있었다.

심한 쇼크를 받은 리엔 양의 아버지 주*Du* 씨는 딸의 가련한 상황을 라디오 프리 아시아*Radio Free Asia* 등에서 공개적으로 이야기하기 시작했고, 그 응징으로 딸의 방문조차 금지되기도 했다.

12월 중순에 면회가 허락되어 딸을 찾았을 때 리엔의 모습은 더 악화되어 있었다. 그녀의 왼쪽 눈은 검게 멍이 들고 부어서 눈이 보이지 않을 정도였다. 그럼에도 불구하고 그녀는 주위에 어떤 일이 일어나고 있는지를 모르는 듯 보였다.

여자 간수는 주씨에게 "이제 정신이 완전히 나갔고 더럽다. 생리적인 자제 능력도 없어 옷에 소변과 대변을 본다."고 투덜거렸다. 분명 감옥에서 그의 딸이 폭행과 추행을 당한 것이 확실하지만 고발하면 오히려 딸에게 더 큰 해가 될까봐 어떻게 하는 것이 좋을지 판단할 수 없었다.

감금되었던 정신 병원에서 석방된 리엔 – 아버지와 친구들과 함께

에밀리와 그녀의 조각품

다음 해 2월에 리엔은 비엔화*Bien Hoa* 정신병원으로 옮겨졌고, 구형 받은 일 년의 기간을 두 달 남긴 4월28일 석방되었다. 그녀가 일찍 석방될 수 있었던 것은 인권단체들과 시방정부들의 끈질긴 외교와 국제적인 변호, 그리고 보이지 않은 중보기도를 통해서였다.

리엔이 석방되는데 중요한 역할을 한 사람 중 한 명은 당시 하노이의 한 국제학교에 재학 중이던 에밀리*Emily* 양이다.

리엔 양을 위해 열심히 기도했을 뿐 아니라 리엔 양을 염두에 두고 감옥을 환기시키는 입체적 미술작품을 만들었다. 에밀리 양은 자신의 작품에 "자유*Freedom*" 라는 제목을 붙였다. 펀드를 마련하기 위해 인터넷상에 이 작품이 경매에 붙여졌을 때 바로 내가 그 작품을 구입하게 되었다. 후에 나는 이 작품을 당시 국제 종교 자유*International Religious Freedom*의 미국대사로 리엔의 석방에 크게 공헌을 세운 존 핸포드 3세*John Hanford III* 에게 선물로 전달했다.

새 종교법 New Religion Legislation

베트남은 세계 자유무역 기구에 가입을 준비하면서 변화의 압력을 받기 시작했다. "도이모이Doi Moi" 정책 혹은 개혁이라 불린 개방 정책을 1986년 발표한 후 베트남은 급속히 공산 경제 시스템을 버리고 자유경제를 도입했다. 이와 더불어 국제사회는 베트남에 압력을 넣어 비즈니스, 법적인 개혁, 그리고 다른 경제 활동의 책무를 물었다.

2006년 APECAsia-Pacific Economic Cooperation 회의를 주관하게 된 베트남에 보상 심리와 변화의 압력이 급격히 높아졌다. 미국의 부시George W Bush 대통령이 계획된 방문을 했고, 베트남은 특정 우려국가들 CPC의 명단에서 이름을 지워, 세계 자유무역 기구 WTOWord Trade Organization 가입에 필수조건이었던 미국과의 영구적인 정상 무역 관계를 이루어내기 원했다.

베트남이 가혹한 종교법과 심한 통제로 자기들이 약속한 국제 협약들을 지키지 못한 것들 때문에 국제 사회는 더욱 강도를 높여 조사와 검증을 요구했다. 베트남은 바로 대응하지 못하고 시간을 끌었지만 2004년과 2005년에 세 단계로 "새 종교법"을 내놓았다. 표면적으로 개선하여 국제 사회의 비판을 잠재우려고 한 것이다. 공산당 중앙 위원회는 2003년 사상 처음으로 종교 활동에 관한 결의안을 통과시켜서 변화의 기초를 놓았다. 당은 이 행동이 "종교 활동에 대한 정부의 규제를 높이기 위한 것이다"라고 불길한 공식발표를 했다. 종교가 일부의 시민에게 필요한 것이라고 인정한 이 당의 결의안은 뒤이어 발표된 종교에 관한 법률의 기초가 되었다.

2004년 6월에 발표된 신앙과 종교에 관한 법률 규정Ordinance on Belief and Religion은 법령 포고decrees보다 상위 법조문으로 2004년 11월 15일에 발효되었다. 2005년 3월에는 종교에 관한 포고 22호Decree on Religion No. 22를 통해 법률 규정을 어떻게 실행해야 할지를 알렸다. 그리고 2005년 2월에 법률 규정과 포고 사이에 수상은 유례없이 개신교에 관한 특별지시 1호Special Directive No. 1 Concerning Protestant를 발표했다.[주26] 신앙과 종교에 관한 규정은 총 6과에 41조항이며 그 목적을 "신앙과 종교 활동을 관리하기 위해서"라고 했다. 종교에 관한 포고 22호는 규정의 실행을 설명했다. 이 문서가 특히 주목할 만한 이유는 종교적 삶과 종교 기관들의 모든 영역에 관여하는 내용 때문이다.

주26) 이곳에서 언급한 것과 다른 공식적인 정부 문서와 비밀문서가 입수되어 번역본이 사적으로 보급되었다.

새 법률 규정은 "질의와 순응ask and receive" 이란 원칙 아래 개정된 이전의 종교 법률을 개선하는 것이라 설명했다. 새 규정은 종교기관들의 승인된 종교 활동을 간단히 보고하는 것이라고 설명했다. 하지만 개신교회의 경험으로는 이 새로운 변화의 차이를 느낄 수 없었다.

새 규정의 가장 두드러진 변화는 교회가 공인단체로 등록하는 절차를 알아보기 쉽게 만들었다는 것이다. 그런데 기묘하게 교회 등록의 한 가지 조건으로 "20년간의 꾸준한 활동"이라는 단서를 달았다. 이 말은 합법적인 교회로 등록이 되기 위해선 불법적으로 20년간 꾸준하게 활동을 했어야 한다는 말이다. 등록은 두 단계로 이루어신다. 첫 번째로 교회 모임이 있는 곳에서 "종교적 활동을 계속하기 위한" 등록이다. 일 년 동안 꾸준하게 활동을 한 후에 이 기관은 총회를 조직할 수 있고, 정부가 이미 인정한 헌법에 기준하여 4년간의 활동계획을 세우고 리더를 선출할 수 있다. 하지만 등록 승인은 종교의 자유를 의미하지 않았다. 단지 이론적으로 합법적인 단체로 승인을 주어 불법의 신분을 벗어나게 된다는 것이었다. 정부가 공인 등록을 해주는 목적은 지역교회나 교단이 자원하여 "관리 아래" 들어간다는 것이다.

정리하면 "관리 통제를 통한 종교 자유religious freedom by management control" 라고 할 수 있다. 합법적인 승인을 받아 보고를 해야 하는 교단들은 정부당국에 대부분의 활동을 보고하는 것이 결코 "편리하지 못하다는 것을 발견했다." 어떤 이들은 등록하기 전이 더 자유로웠다고 했다. 하지만 그럼에도 불구하고 제한적이나마 등록을 통해 얻을 수 있는 합법성을 얻는 것이 유익하다는 의견이다.

그러나 2006년 가진 중요한 행사를 위한 베트남의 태도 변화를 새 종교 법률 규정들을 통해 증명하기란 쉬운 일이 아니었다. 그래서 베트남 정부는 임시방편을 택했다. 그리고 2005년 2월에 수상은 유례없이 개신교에 관해 특별지시 1호를 발표했다. 정부의 이러한 반응은 베트남의 개신교회를 위해 보여준 국제사회의 지속적인 변호의 결과라고 하겠다. 수상의 이 지시는 최소 행정 구역과 도시의 관리들이 개개인 처소교회들이 진정으로 종교적 필요가 있다면 신속히 등록하여 종교 활동을 할 수 있도록 했다.

이 지시는 사실 그 동안 자주 반복하여 경고한 것처럼 종교를 남용하여 반정부 목적으로 사용하는 것을 금하도록 한 것이었다.

"종교 [개신교]를 따르는 사회 부류 중에 현재 자기 부족의 전통적인 신앙으로 돌아갈 필요가 있는 자들에게 그 원하는 바를 실행할 수 있도록 호의적인 여건을 만들어 준다." *(Concerning the segment of society that follows the religion and now has a need to return to the traditional belief of their ethnic group, create favorable conditions and help them realize that desire.)* 는 내용을 포함하고 있다는 사실에 주목해야 한다.

바로 이 문장 때문에 정부 관료들이 지역교회를 신속하게 등록시켜 주라는 지시보다 개신교 믿음을 포기하게 하라는 내용에 더 주력을 해 온 것이다.

국제 종교 자유기구의 미국대사 존 핸포드 3세는 베트남의 이러한 종교 정책 변화를 최근 20년 사이 그가 목격한 가장 큰 도약이라고 평가했다. 정말로 베트남은 변화를 시행하려는 의지를 보이는 듯 했다. 2005년에서 2006년 사이 수상의 지시에 따라 약 4천 개의 지역교회 중에 수백 개의 교회들이 등록을 했다. 특히 미국에게 이 등록절차를 통해 나머지 교회들을 등록시킬 것이라고 약속했다. 또한 기독교인들을 강요하여 믿음을 포기하게 하는 프로그램을 중지하겠다는 약속을 했다. 이러한 약속들은 2006년 부시대통령이 APEC회의 참석차 방문하기 전에 베트남이 미국의 특정 우려국가들의 명단에서 제외되기에 충분했다. 그리고 2007년 초에 베트남은 미국의 지지를 받아 세계 무역 기구(WTO)에 가입했다.

목표를 달성한 베트남은 곧 종교의 자유와 인권 문제에 다시 뒷걸음질을 치기 시작했다. 종교 연구가들은 근래에 2007년 정부가 발간한 비밀문서를 얻었는데 그 문서에는 서북 산지지역인 디엔비엔

Dien Bien의 기독교인들이 정부의 압력으로 믿음을 포기했던 간증들이 담겨있었다. 1999년 개신교를 억압하기 위해 만들어진 "지도부 Guidance Committee 184" 가 이 서북부 지역에서 "지도부 160" 란 이름으로 활동을 한 것이다.

이렇듯 베트남이 개정한 종교 관련 "법령들"만으로 실질적인 종교 정책의 변화를 평가하기는 충분하지 않다. 정부는 이러한 법률들이 시민들에게 유익하게 집행되는 문화 풍토가 정착되도록 노력해야 한다. 아직까지 베트남의 기독교인들은 정부가 이 부분에서 아직 "진실성이 결여" 되어 있다고 진단한다.

평화적 진전 Peaceful Evolution

당의 내부용 문서는 공산당의 혁명에 가장 위협적인 것이 "평화적 진전"이라고 설명했다. 공산당은 외부의 적, 특별히 미국이, 총과 총알로 싸운 전쟁에서 졌지만 전략을 바꾸었다고 말한다. 적의 평화적 진전의 무기는 이제 민주화, 인권, 그리고 종교의 자유라는 것이다. 그리고 개신교가 평화적 진전의 선봉에 서서 종교의 자유를 가지려고 한다고 스스로 교육한다.

이러한 생각을 가지고 있기 때문에 지난 20~30년간 특히 소수부족 교회들이 그렇게 조직적으로 핍박을 받은 것이다. 다행히도 국제사회의 압력이 있었기 때문에 베트남이 조금이나마 종교 정책을 바꾸는데 도움이 되었다. 이러한 국제적 압력을 받을 때마다 일부 잘못된 관리들의 행위라고 변명하기에는 이러한 "예외적"인 사건들이 너무도 자주 일어나고 있다.

베트남의 억압 정책은 더 전략적이고 감지하기 힘들어졌다. 관료들은 주위 사람들을 동원하여 새로 믿음을 가진 자들이 특별히 가족과 공동체의 압력을 받도록 한다. 이전에는 핍박의 표면에 드러나던 관료들을 숨기자는 의도이다. 하지만 이러한 상황에서 관리들은 폭행과 재산 압류 등의 위협을 앞장서서 더하는 것을 주저하지 않는다. 위협을 통해 신앙인들이 "자발적으로" 믿음을 포기하는 각서에 서명하는 데 성공하기도 한다. 이러한 행위를 감행하는 관리들이 처벌 없이 지속되는 한 교회 리더들은 정부가 약속한 종교의 자유에 진실성이 있다고는 믿을 수 없다고 한다.

5년 진단

지난 5년간을 살펴보면 새 종교 규정의 약속이 진정으로 앞을 향하여 크게 도약한 것인지 아닌지를 알 수 있을 것이다. 도약이 아닌 것으로 보인다. 베트남 개신교회의 반 이상을 대표하는 두 개의 교단은 새 규정이 적용되기 전에 이미 공인교회 인정을 받았다. 바로 1950년대에 공인화된 복음성회(북부)와 2001년 공인된 복음성회(남부)이다.

하지만 당시 이들 교단에 속한 소수부족 교회는 적용이 되지 않았다. 이 말은 복음성회 (남부) 교회의 과반수가 넘는 소수부족 교회들이 정부가 감독하는 장황한 절차를 일일이 거쳐야 한다는 의미였다.

그리고 이 절차는 아직도 끝나지 않았다. 복음성회(북부) 교회의 경우도 2009년까지 천 개가 넘는 소수부족의 교회들 가운데 단지 160

개 정도만이 등록이 되어 종교 활동을 합법적으로 할 수 있다는 승인을 받았다. 하물며 정부는 이들 160개의 교회들도 복음성회(북부)의 정식 멤버로 인정하지 않고 있다. 한 마디로 수상이 지역 교회 등록을 서두르라고 했던 지시는 실패였다고 할 수 있다.

2005년과 2006년 이후로 아주 소수만 등록이 허락되었다. 수천 개의 신청 교회들은 대부분 답장을 받지 못했을 뿐더러 거절을 당했다.

2009년 교회 지도자의 보고에 의하면 2005년 이후로 교회 등록이 승인된 처소교회의 숫자는 십분의 일 미만이라고 했다. 2007년에서 2009년 사이 70개의 처소교회 교단 중에 7개의 교단만이 완전히 합법적인 승인을 받을 수 있었다. 새 규정과 상반되게 교회의 등록 절차가 교회가 아니라 정부의 주동으로 이루어진다는 것이다. 만약 교회가 만약 교회가 등록신청을 하면 기다리도록 한다. 대부분 절차를 기다리는 교회들은 "20년간의 안정된 활동"이란 요건을 만족시킬 수가 없다. 교단이나 지역교회로서 등록이 되지 않는 이들 회중들은 늘 정부의 간섭과 괴롭힘에 노출되어 있다고 하겠다.

등록이 되더라도 진정한 종교의 자유는 보장되지 않는다. 베트남은 등록을 하는 목적이 교회들을 "관리 아래" 두기 위해서라고 한다. 베트남은 더 많은 규정을 통해 "종교에 관한 포괄적인 법"을 마련할 것이라고 약속했다. 만약 진정한 자유가 보장된다면 종교적인 사람들과 그들이 속한 기관들이 다른 민주주의 국가에서처럼 민법을 통해 쉽게 관리되어야 할 것이다. 통찰력이 있는 한 개신교 목사는 이렇게 말했다.

"우리의 정부는 우리에게 너무 지나치게 관심을 기울이고 있습니다. 베트남에 종교에 관한 특별한 법률을 만드는 한, 그리고 국가 종교 관료제 *bureaucracy* 를 유지하는 한, 그리고 종교를 관리하는 특수 공안요원을 배정하는 한 베트남에 진정한 종교의 자유는 가능하지 않다는 증거가 될 것입니다."

정의의 승리

하지만 이 책에 담긴 이야기들은 분명히 서방 민주세계에서 누리는 종교의 자유가 기독교인이 번창하고 교회가 성장하는데 필수 조건이 아니라는 것을 말해주고 있다. 정말로 베트남이 35년 전에 공산주의로 통일이 된 이후로 때로 아주 심한 핍박을 받으면서도 개신교인의 숫자는 10배에 가깝게 성장했다. 어떤 이들에겐 압박과 핍박이 유익한 경험이 되었다. 많은 이들은 예수를 따르기 위해 심각한 결정을 내렸고, 그 결과는 대가 없이 예수를 따를 수 있는 곳에서보다 더 좋은 결과를 가져왔다.

마틴 루터 킹 주니어 목사는 "도덕의 은하계는 길게 휘어져 있어도 그 휘어지는 방향은 정의를 향합니다"라는 말을 한 적이 있다. 조심스럽고 느리기는 하지만 베트남은 국내와 국외의 압력으로 그 방향으로 움직여가고 있다. 하지만 권력의 이데올로기가 초월자를 멸시하거나 그에 대하여 공포심을 갖는 한 기독교인들은 의심을 받을 것이고 불의하게 차별을 당할 것이다. 우리의 창조주 구원자는 그의 자녀들이 잘못 대접을 받는 것을 기뻐하지 않으신다.

베트남은 한 국가로서, 가진 신앙 때문에 소외되고, 가난하고, 병든 자들을 도울 수 있는 가장 훌륭한 시민의 가능성을 가지고 있는 기독교인들을 소외시킴으로 스스로 가해를 하고 있다. 본인은 나라와 백성에 대해 좋은 마음뿐이지만 받는 핍박과 차별로 인해 마음의 고통을 토해낸 지도자들의 이야기를 수없이 들었다. 베트남을 깊이 사랑하는 한 존경 받는 목사는 지난 20년 동안 여권과 신분증 발급을 거부당했다. 그는 "지난 20년 동안 나의 조국은 내가 존재하지 않는 사람처럼 취급했습니다. 이것은 나에게 아주 고통스러운 일이었습니다" 고 했다. 더 안타까운 것은 근래 소수부족 신자들을 향한 핍박의 강도가 높아져 이들이 자유를 찾아 불가피하게 집과 가정과 조국을 등지고 떠날 수밖에 없는 선택을 하고 있다는 것이다.

하지만 세계 각처에 흩어진 베트남 디아스포라들이 보여주듯이 베트남 사람들의 투지와 역동성은 베트남에 있는 기독교인들의 삶 속에서도 증거되고 있다. 그리고 그들 가운데 하나님의 권능이 더해졌다! 베트남의 교회는 계속해서 담장을 넘어*pha rao* 성장하고 베트남 사회를 변화시키며 계속해서 예수그리스도의 복음을 전하고 증거할 것이다. 아무것도 이 하나님의 역사를 막지 못할 것이다. 베트남 정부의 비밀문서(Freedom House Center for Religious Freedom 2000)에서도 "우리가 압력을 더 가할수록 신속하게 [복음]이 번지고 성장한다" 고 시인했다. 베트남의 개신교 교회들은 계속 성장할 뿐 아니라 이미 전 세계에 복음을 가지고 나가고 있다. 이미 이곳에서 더 광범위한 기독교 선교에 동참하는 날이 도래한 것이다!

참고 문헌

1. Bao, N. (1994). *The Sorrow of War*, London; Minerva
2. Cadiere, L. (1929). *Religious Annamites et non Annamites* [Annamese and non-Annamese Religions]. Trans. L. Greene. Paris; Un Empire Colonial Francaise, L'Indochine.

_____(1958). *Croyances et Practiques Religieuses des Vietnamiens* [Religious Beliefs and Practices of the Vietnamese]. 3 vols. Paris: Ecole Francaise d'Extreme-Orient.

3. Cadman, G. H. (1920). *Pen Pictures of Annam and Its People*. New York; Christian Alliance Press. Central Population and Housing Census Steering Committee. (2010). *Report on Completed Census Results: The 1/4/2009 Population and Housing Census*. Hanoi: TDTDSVNO
4. Chong, D. (1999). *The Girl in the Picture*. Toronto: Viking Press. Cothonay,

M.B.(1913). *Lives of Twenty-six Martyrs of Tonkin*. Dublin; Browne and Nolan.

Courtois, S., N. Werth, J. Panne, A. Paczkowski, K. Bartosek, and J. Margolin (1999). *The Black Book of Communism; Crimes, Terror and Repression*. Trans. J. Murphy and M. Kramer. Cambridge, MA:P Harvard Univ. Press.

5. Cowles, H. R. (1976). *Operation Heartbeat*. Harrisburg, PA: Christian Publications.
6. de Rhodes, A. (1966). *Rhodes of Vietnam*. Trans. S. Hertz. Westminster, MD: The Newman Press. Originally published in France, 1651.

Doan, V. T. and Chanoff, D. (1986). *The Vietnamese gulag*. New York: Simon and Schuster.

7. Dowdy, H. E. (1964). *The Bamboo Cross: Christian Witness in the Jungles of Vietnam* New York: Harper and Row.

8. Duiker, W. J. (2000). *Ho Chi Minh.* Crows Nest, NSW, Australia: Allen and Unwin.

9. Duong, T. H. (1993). *Paradise of the Blind.* Trans. P. D. Duong and N. McPherson. New York: William Morrow.

10. ____. (1995). *Novel without a name.* Trans. P. D. Duong and N. McPherson. New Work: Penguin.

11. ____. (2000). *Memories of a Pure Spring.* Trans. P.D. Duong and N. McPherson. New Work: Penguin.

12. ____. (2005). *No Man's Land; A Novel.* Trans. P. D. Duong and N. McPherson. New Work: Hyperion East.

13. Evangelical Fellowship of Canada Religious Liberty Commission. (2003) *Two Distinct and Conflicting Policies.* Ottawa: Evangelical Fellowship of Canada Religious Liberty Commission. Freedom House Center for Religious Freedom. (2000). *Directions for Stopping Religion.* Washington, DC: Freedom House Center for Religious Freedom.

14. Gheddo, P. (1970). T*he Cross and the Bo-tree: Catholics and Buddhists in Vietnam.* New York: Sheed and Ward.

15. Gobron, G. (1950). *History and Philosophy of Caodaism.* Saigon: Tu-Hai Publishing House.

16. Government Bureau of Religious Affairs. (2008). T*raining Manual for the official management of the Prostestant religion.* Hanoi.

17. Hayton, B. (2010a). *The Limits to Political Activity in Vietnam.* East Asia Forum. http://www.eastasiaforum.org/2010/07/14/the-limits-to-political-activity-in-vietnam

18. ____. (2010b). *Vietnam: Rising Dragon.* New Haven, CT: Yale University Press

19. Hefley, J. (1969). *By Life or by Death.* Grand Rapids, MI Zondervan Publishing House.

20. Hefley, J. and M. Hefley. (1974) No Time for Tombstones: Life and Death in the Vietnamese Jungle. Wheaton, IL: Tyndale House Publishers

21. ____. (1976). *Prisoners of Hope*. Harrisburg, PA: Christian Publications.

22. Hickey, G. C. (1982a). *Free in the Forest: Ethno-history of the Vietnamese Central Highlands from 1954 to 1976*. New Haven, CT: Yale University Press.

23. ____. (1982b). *Sons of the Mountains: Ethno-history of the Vietnamese Central Highlands to 1954* . New Haven, CT: Yale University Press.

24. Hiebert, M. (1996). *Chasing the Tigers: A Portrait of the New Vietnam.* New York: Kodansha International.

25. Human Rights Watch. (2002). *Repression of Montagnards: Conflicts over Land and Religion in Vietnams's Central Highlands.* New York: Human Rights Watch

26. ____ (2011). *Montagnards Christians in Vietnam: A Case Study in Religious Repression.* New York: Human Rights Watch.

27. James, S. (2005). *Servants on the Edge of History: Risking All for the Gospel in War-ravages Vietnam.* Garland, TX: Hannibal Books.

28. Jeffrey, D. I. (n.d.). Unpublished recollections of a pioneer missionary.

29. Jenkins, P. (2002) *The Next Christendom: The Rise of Global Christianity.* New York: Oxford University Press.

30. ____ (2006). *The New Faces of Christianity: Believing the Bible in the Global South.* New York: Oxford University Press.

31. Lamb, D. (2002). *Vietnam Now: A Reporter Returns.* New York: Public Affairs.

32. Le, H. P. (1972). *A Short History of the Evangelical Church of Vietnam.* (Doctoral dissertation.) New York University.

33. Mandryk, J. (2010). *Operation World* (7th ed.). Colorado Springs, CO: Biblica Publishing.

34. Marx, K. and F. Engels (1975). *Marx/Engels Collected Works.* New York : International Publishers

35. McPherson, N. (n.d.) *An entry in the forthcoming 'Encyclopedia on South-east Asian Literature.'*

http://www.vietnamlit.org/wiki/index. php?title=Duong_Thu_Huong

36. Miller, C. P. (1977). *Captured!* Chappaqua, NY: Christian Herald Books.

37. Mooneyham, W. S. (1980). *Sea of Heartbreak.* Plainfield, NJ: Logos International.

38. Phan, P. C. (1998). *Mission and Catechesis: Alexandre de Rhodes and In-culturation in 17th century Vietnam.* Maryknoll, NY: Orbis Books

39. ____ (2005). *Vietnamese-Amerian Catholics.* New York/Mahwah, NJ: Paulist Press.

40. Pontifex, J. and J. Newton. (2011). "Persecuted and Forgotten? A Report on Christians Oppressed for their Faith." Sutton, UK: Aid to the Church in Need.

41. Reimer, R. E. (1972). The Protestant Movement in Vietnam: Church Growth in Peace and War Among Ethnic Vietnamese. (Master's thesis). Fuller Theological Seminary, Pasadena, California.

42. ____ (1974). *South Vietnam: Status of Christianity Country Profile.* Saigon Office of Missionary Information. (prepared for 1974 Lausanne Congress on World Evangelization).

43. Rohrer, N. B. (1984). *This Poor Man Cried: The Story of Larry Ward.* Wheaton, IL: Tyndale House Publishers.

44. Smith, G. H. (1942). *The Blood Hunters: A Narrative of Pioneer Missionary Work Among the Tribes of French Indo-China.* Chicago, IL: World Wide Prayer and Missionary Union

45. ___ (1947). *The Missionary and Primitive Man.* Chicago, IL: Van Kampen Press.

46. Smith, L. I. (1943). *Gongs in the night: Reaching the tribes of French Indo-China.* Grand Rapids, MI: Zondervan Publishing House.

47. Steinkamp,O.N.(1973).*The Holy Spirit in Vietnam.* Carol Stream, IL: Creation House.

48. Templer, R. (1998). *Shadows and Wind; A view of Modern Vietnam.*

London: Little Brown.
49. Tran, T. S. (1995). *Twenty Years After*. Privately produced and circulated document.
50. Voice of the Martyrs. (2001). *Hearts of Fire*. Nashville, TN:W. Publishing Group.

사진출처 : http://photos.vnbible.com/v/vnchurch 

부록 1

불확실한 시대를 위한 확실한 증거

서정운 | 전 인도네시아 선교사, 전 장신대총장

"내가 죽거든 캐리에 대해서는 아무것도 말하지 말라.
캐리의 구주에 대해서만 말하라."

윌리엄 캐리

나는 평소에 통전적 선교를[역주)] 주장하고 가르쳤다. 전도와 사회적 책임을 포함한 선교가 성경적으로 옳다고 믿기 때문이다. 오늘은, 통전적 선교를 설명하기보다 그 심장에 대해 말하고자 한다. 보쉬*D. Bosch*가 통전적 선교를 설명하면서 그 핵심, 중심, 심장을 전도라고 했는데 전적으로 동의한다. 복음 자체이신 예수 그리스도를 그대로 증거하는 것이 선교의 핵심이기 때문이다.

"그 동안 수많은 선교 관계자들이 선교의 전략방식을 제시하고 논의했다. 무수한 선교 사역자들이 헌신했고 엄청난 선교자원이 투입되었음에도 불구하고 21세기 선교는 아직도 미완성의 과제로 남아있다. 이 같은 현상의 중요한 이유 중의 하나는 그 방식에 문제가 있기 때문이다."

중국선교 역사에 밝은 랄프 코벨*Ralph Covell*이 그 역사를 관찰한 후에 "중국선교에 대해 무슨 말을 하든지 어떤 지역과 어떤 시기에는 맞을 수 있지만 다른 지역과 다른 시기에는 맞지 않다."고 한 적이 있다. 코벨에 의하면 1920년대에서 30년대에 이르는 동안 중국에서 사역한 미국 선교사만 약 8천 명이었고 그 외에 많은 선교사들이 사

역주) 통전적 선교는 holistic mission 혹은 integrated mission 등으로 표현되며 신앙관에 따라 통합적 선교, 전인적 선교, 총체적선교 등의 표현으로 포괄적으로 복음화를 이루기 위해 진행되는 모든 영역의 선교를 말한다.

역했었는데 중국신자들은 약 75만 명 정도 되었다고 했다.

중국이 공산화 된 후 수십 년의 박해 속에서 선교사들이 철수하고 제도적인 교회가 폐쇄되어 공식적인 선교 사역이 금지 되었지만 1970년대 말 개방과 함께 나타난 것은 중국 신자 수가 엄청나게 많았다는 것이다. 박해 때문에 교회와 선교의 모든 비본질적인 것들이 박탈당하고 포기할 수밖에 없었고 본질적인 것(사람, 기도, 사귐 등)만 고수할 수밖에 없었는데 그 결과로 실제적인 부흥이 되었던 것이다.

로마제국하의 초기교회도 유사한 예였다. 콘스탄틴 대제에 의해 기독교 박해가 끝났을 때(313년) 닐S Neill에 의하면 당시 약 5천만 명의 로마제국 인구 중 약 10%에 해당하는 5백만명 정도가 기독교인들이었다. 가혹한 탄압 속에서 교회가 제도적 기능을 상실했지만 오히려 성장했던 것이다. 역시 교회의 비본질적인 요소들(교권, 지위, 돈 등)을 박탈당하고 본질적인 요소(예수, 믿음, 소망, 사랑)들을 고수했던 결과였다. 이 같은 역사적 사례는 오늘의 선교와 교회에 중대한 도전이 되고 있다. 선교사들의 사역이나 제도적인 교회의 의미와 가치가 무엇인가 하는 것이다.

"바야흐로 세계는 일대 전환기에 돌입하고 있다. 기독교 시대가 지나고 기독교 이후 시대로 접어들었고 구소련의 붕괴로 이데올로기 충돌의 시대에서 문명 충돌의 시대로 전환되고 있다. 10년 전에 일어났던 뉴욕의 무역 센터 폭파는 의미심장한 상징성을 띤 사건이었다. 아랍 회교도들에 의해 자본주의와 현재 기독교권의 대표적인 국가가 무력적인 공격을 당한 것이다."

역사학자 닐 퍼거슨Neill Ferguson은 1991년 구소련 붕괴가 마지막 남은 유럽제국의 죽음이라고 했다. 사무엘 헌팅턴Samuel Huntington에 의하면 21세기 서양 기독교권의 쇠퇴는 거의 확정적인 사실이고 그동안 세계 인구의 약 20%를 차지했던 서양인들은 2050년까지 10% 정도로 감소 할 것이라고 전망했다. 이것은 언어, 종교, 영토, 군사 규모, GDP 등의 수치들을 두고 하는 견해이다.

힘의 중심이 서양에서 동방으로 옮겨 오면서 발생한 갈등의 핵심이 종교적 충돌이다. 헌팅턴은 문명의 충돌시기가 될 21세기가 서역 기독교 문명이 중화와 동양과 범중동의 이슬람, 전 러시아 문명 간의 충돌이 될 것으로 보았다.

그의 예측이 적중할지는 모르나 현재, 세계 도처에서 나타나고 있는 현상은 동일 또는 유사한 문화 집단과 다른 집단과의 마찰과 충돌의 시대로 보이는 것이 사실이다. 이 같은 변화로 교회 안에서도 타종교와의 대화나 공존의 수준을 넘어 종교 다원주의의 수용을 요구하는 추세가 나타나고 있다. 왜냐하면 종교 다원주의가 듣기에 합리적이고 기독교가 복음의 절대성을 강조함으로 인류 공존과 평화를 도

모해야 하는 종교가 오히려 분쟁과 충돌을 야기시키는 원인이 되어서는 안 된다는 여론의 압력을 받고 있기 때문이다. 이 같은 격한 변동 속에서 서양 기독교는 위축 일로에 있다. 젠킨스P. Jenkins는 2050년 쯤이면 백인 기독교인을 보기가 오늘의 스웨덴 불교도를 보는 것처럼 희귀해 질지도 모른다고 비관적인 전망을 하고 있다.

이런 변혁과 혼동의 시대에 우리가 어떤 선교를 해야 할 것인가를 묻고 스스로 확신하는 답을 갖지 않은 채 선교하는 것은 선교의 혼란과 더불어 선교 자원의 낭비를 초래하게 될 것이다. 제도적인 교회와 선교 활동의 무용론을 주장하는 것은 아니지만 단도직입적으로 말하자면 우리의 선교가 그 근본을 회복해야 한다. 스텐 구드리Stan Gudrie의 말대로 유행처럼 계속해 나타나는 "튀지만 별 볼 일없는 캠페인"에 끌려 우왕좌왕하는 일을 이제 멈추어야 한다" 보쉬가 1981년에 그의 명작 〈변화하는 선교Transforming Mission〉에서 1988년까지 785가지 선교 프로젝트가 제시 되었고 그 중에 약 250가지가 남아 있는데 제3천년 기(2000년)을 앞두고 대개 전천년설에 기초한 많은 전략들이 제시되고 있으나 진정한 효력에 대해서는 염려한 바 있다.

20세기 초에 중국에서 선교하다가 후에 아프리카 케냐에서 별세한 로렌드 알렌Roland Allen이 1912년에 이미 선교 운동이 지나치게 행사 위주로 변함으로 성령의 역사를 등한시 하는 경향이 있다고 경고했었다. 우리가 예수님보다 파도를 보다가 주님을 잃어버렸다는 본훼퍼 Bonhoeffer의 말도 음미해 볼 필요가 있다.

선교는 하나님의 일이고 선교의 원형은 예수 그리스도이다. 구더 Guder의 말대로 그가 선교의 내용과 방법을 지정해 주었는데 그 동안의 기독교 선교가 그 원래의 방식을 소홀히 한 것이다. 넘실거리는 파도에 정신을 팔다가 주님을 잃어버리고 물에 빠진 베드로처럼 되어서는 안 된다. 21세기가 변혁과 종교와 문명 간의 갈등의 시대가 되고 있지만 돌이켜보면 예수님 당시도 정치, 경제, 사회적 혼란과 마찰의 시대였고 종교적으로도 혼미한 때였다. 그 같은 상황 속에서 유대인들은 사두개파, 바리새파, 헤롯당, 엣세네파 등으로 길리져 있었다.

예수님은 어느 편에도 속하지 않고 독자적으로 새 길을 제시하셨다. 회개하고 복음을 믿고 하나님 나라의 백성이 되라는 선포와 함께 그 길을 따르는 제자육성에 전력하시면서 자신의 인격과 삶과 죽음으로 새사람의 길과 하나님의 나라를 보여주셨다. 예수님은 정당을 조직하거나 어떤 운동단체를 조직하기보다 제자 양성에 주력하시고 십자가에서 대속의 죽음을 죽으시고 부활하신 후에 아버지께서 나를 보내신 것 같이 내가 너희를 보낸다고 사람들(제자들)을 파송하셨다. 세상에 파송된 사도들과 초기교회의 특징을 보쉬는 다음과 같은 몇 가지로 설명했다.

1) 예수님의 인격에 기초한 사람들이었다.

2) 예수 선교는 종교와 정치, 사회생활에 대안을 제시 했다는 점에서 혁명적이었다. 후켄다이크 *J. Hoekendijk*는 유대인이나 로마인이나 헬라인이나 야만인이나 자유자, 노예, 부자와 가난한 자, 남자와 여자가 차별이 없는 형제자매라는 예수님의 주장(사상)은 사회학적으로 이해하기 불가능한 새로운 가르침이라고 했다. 그래서 카르타고와 일부 지역에서는 그리스도인 등을 제3의 사람들*the third people*이라고 불렀고 이 개념은 혁명적인 것이었다고 했다.

3) 예수 선교는 이웃과 세계에 새로운 관계를 가진 자들의 교회 공동체를 만들었다. 2세기에 "디도그네투스에게 보낸 편지"라는 문서에 그리스도인에 대한 언급이 있는데 그들은 언어, 습관, 사는 장소에 관한 한 다른 사람들과 차이가 없었다. 그러나 그들과 주변의 현실 사이에는 상당한 차이가 있다. 그들은 사랑과 섬김으로 세상을 떠받치고 있다라고 했다. 초기 선교는 예수 그리스도의 인격과 더불어 그의 사랑으로 섬기는 삶을 실천하고 있었다는 것이다.

예수 그리스도의 길을 따르면서 그분을 증거 했던 초대교회의 선교는 박해 속에서도 생동력을 가지고 전진했다. 예수 그리스도를 그대로 믿고 그냥 따랐던 사람들은 인간과 역사와 세상을 새롭게 바꾸는 힘이 있었다. 기독교가 로마제국에 공인되고 세상 권세와 밀착하여 정교 공조시대가 되면서 교회는 제도화되고 세속화했다. 비본질적인 것이 본질적인 것을 압도하고 부도덕해지면서 교회가 변질되고 선교는 약화되었다.

"앗씨시의 프란시스와 제자들이 '작은형제회' 라는 수도회결성을 청원했을 때 추기경단회의에서 부결한 일이 있었다. 그때 그 청원을 지지했던 추기경이 "이 사람들은 그냥 복음을 따라 살도록 허락해달라는 것이다. 만약 우리가 이것을 거부하면 그들을 복음에 따라 살도록 하지 못하게 하는 것이며 복음의 근원이신 그리스도를 모독하는 것이다" 라고 탄식했다. 이단 심문이나 화형 등은 제도화된 교회가 범한 극단적인 과오였다. 개혁자들의 정당한 요구를 묵살하고 박해했던 것도 기독교 왕국시대에 제도화되고 세속화된 교회의 면모를 보여주는 실례이다. 이런 이야기는 기독교 천하에서 신앙과 교회의 비본질적인 것들이 득세하고 본질적인 요소들을 억압하여 교회를 비교회화하고 선교를 비선교화시킨 사례이다."

이 같은 악습들은 지금도 교회의 나쁜 유산으로 남아 선교를 저해하고 있다. 톨스토이의 작품 중에 '물방앗간 사나이' 의 이야기가 있다. 어떤 곳에 3대째 물방앗간을 하는 남자가 있었다. 동네에서 최고의 밀가루를 빻았는데 이 남자가 방앗간의 기계에 대해 호기심을 갖게 되었다. 어떻게 가루가 만들어 지는지를 알기 위해 절구, 물레방아,

냇물, 뚝과 물의 연구에 몰두했다. 그 후부터 이 방앗간의 가루의 질이 떨어지기 시작했다. 톨스토이는 이 남자가 하는 일이 잘못이라고 말할 수는 없지만 방앗간이 해야 할 가장 중요한 일이 무엇인지를 생각하지 못하여 혼란을 초래했다고 했다.

선교도 마찬가지이다. 근본을 무시하고 아무리 생각하고 전략을 만들고 애써도 소기의 목적을 달성하기 어렵다. 마가복음 1:1절에 "하나님의 아들 예수 그리스도의 복음의 시작이라."는 말씀으로 비롯되고 있듯이 예수 그리스도가 복음 자체인 것이다. 오늘날 에큐메니칼이다, 에반제리칼이다, 보수다, 진보다 하면서 선교 신학을 논하고 수많은 선교전략을 제시하고 시도하나 그것들이 선교의 가장 중요한 일이 될 수 없다. 근본을 버리고 그런 일에 몰두하는 것은 물방앗간 남자의 행동과 같다. 그러므로 우리는 우선, 항상 예수 그리스도를 선교의 기본으로 삼아야 한다. 그것이 하나님의 방식이고 하나님의 방법이기 때문에 최고, 최선의 길이다.

하나님이 세상을 사랑하사 독생자를 주신 역사적인 사건에 교회와 선교가 근거하고, 인간으로 오시고 사시고 죽으시고 부활하시고 다시 오실 그 진리*the Truth*, 그 길*the Way*, 그 생명*the Life*이신 그분 예수 그리스도를 증거 하는 것이 선교의 본체인 것이다. 그 예수께서 우리를 하나님과 화목케하시고 우리 자신과 다른 사람들과 그리고 모든 피조

물과의 관계를 온전케 하신다. 이같은 온전함은 오직 화목의 제물이신 예수 그리스도를 통해서만 이루어진다. 그러므로 모든 선교의 중심이 예수 그리스도이어야 하는 것이다.

예수 그리스도를 핵심으로 삼는 선교는 처음부터 반대에 부딪쳤으나 사도들과 초기 교회는 그 같은 저항과 장애를 정면 돌파했다. 사도들은 당국자들의 제지에 맞서서 우리는 보고 들은 것을 말하지 않을 수 없다 했고(행 4장) 바울사도는 헬라인에게는 어리석은 것이고 유대인들에게는 거리끼는 것이지만 "그리스도가 하나님의 능력이요 하나님의 지혜(고전 1:24)" 이며 자기는 "예수 그리스도와 그의 십자가에 못 박히신 것 외에는 아무것도 알지 아니 하기로 삭정했다(고전 2:2)."고 했다. 그 같은 태도 때문에 그는 아테네의 지식인들과 아그립바 왕과 베스도총독에게 바보와 미친 자 취급을 당하고 사람들에게 박해 받고 처형되었다.

그 동안의 우리 선교의 가장 큰 약점은 근원을 등한시한 것이라고 본다. 1999년 여름 제네바 교회에서 달라이 라마가 주일 예배 설교시간에 자신의 불교사상을 설법한 일이 있다. 칼빈이 앉았던 의자에 아무도 못 앉도록 줄로 금해 놓기까지 한 그 예배당의 주일 설교 강단을 티벳 불승이 차지했다는 것은 특별한 일이었다. 그날 그의 이야기를 듣기 위해 약 5천명의 사람들이 운집했다.

몇 해 전 우리나라에서 베스트셀러였던 〈만행: 하바드에서 화계사까지〉의 주인공을 하버드대 신대원을 자퇴하고 불교도가 된 승산스님은 엉성한 영어로 설법 했지만 자기의 심금을 울렸다고 했다. 그리고 불승이 되었는데 그의 책이 많은 이들에게 읽히고 그가 가는 곳마다 수많은 사람들이 모여 그의 이야기를 경청하고 있다. 왜 사람들이 이들을 만나고 싶어 하고 이야기를 듣고 싶어 하는가? 그 이유는 이들이 그들이 믿는 종교의 원리를 그대로 말하고 그 원리대로 살려고 노력하기 때문이다. 동서고금을 막론하고, 특히 지금은 많은 사람들이 자기가 믿는 신앙의 원리를 그대로 말하고 그대로 가르치고 그대로 단순하게 사는 사람을 그리워하고 좋아하고 신뢰하고 존경하고 따르고 있다.

선교는 단순하게 이해할 필요가 있다. 회개하고 예수 믿고 하나님 나라의 백성이 되는 일은 복잡하고 난해한 일이 아니다. 21세기의 선교를 제대로 하려면 무엇보다도 우선 교회와 선교가 그 근본과 본질을 회복해야 한다. 전통과 제도와 규정과 이론과 관념과 부도덕과 부실한 믿음과 불안한 소망과 부족한 사랑과 식은 열정과 불안전한 신학과 인본적인 전략과 인간의 경험과 고집에 가려 있는 예수 그리스도를 그대로 드러내고 보여주고 증거하는 데 힘써야 한다. "우리가 예수를 뵈옵고자 하나이다(요13:21)." 했던 헬라인들처럼 오늘 세상과 사람들이 진정한 예수님을 뵙기를 갈망하고 있다.

도스토에프스키는 "설사 그가 진리가 아니더라도 나는 그리스도의 편에 서고 싶다."고 했다. 1960년대에 미국 젊은이들이 기성세대에 반항할 때 그들의 자동차에 부치고 다닌 글 중에 "기독교는 싫다, 예수는 좋다.Christianity No, Jesus Yes" 라는 말이 있었다. 독일이 히틀러 치하로 몰락하던 1933년 사순절 어느 주일에 히틀러에게 저항하는 데 앞장섰던 마틴 뉘멜러 목사가 한 설교 중에 이런 구절이 있다:

> "우리는 지금 아무것도 할 수 없습니다. 모든 사람의 눈에 우리 자신들이 아무것도 아니고 아무것도 가진 것이 없고 아무것도 하지 못하고 있다고 보일 것입니다. 우리는 기적으로 살뿐입니다. 그리스도리고 불리우는 기적입니다. 그가 모든 것이며 모든 것을 가지셨으며 모든 일을 하실 수 있습니다. 그것이 희망과 문제와 기대를 가지고 오늘, 우리에게 찾아오는 사람들에게 그리스도인으로서 해야 할 증거입니다. 우리는 이 불안해하는 남녀 군중들이 기독교와 교회를 어떻게 대할 것인가 하는 문제에 관심을 갖지 않습니다. 우리의 의무는 이 사람들에게 그리스도라는 기적을 만나게 하는 것입니다"

진실로 우리의 화급한 의무와 책임은 사람들에게 그리스도라는 기적을 만나게 하는 것이다. 우리가 그리스도를 증거함으로 누가, 얼마나 많이 구원받는지, 어떻게 구원받는지, 왜 하필 그들이 구원 받는지,

세상이 어떻게 바뀌고 왜 새로워지는지 등에 대해 자세히 알 수 없다. 우리는 다만 그를 증거함으로 그리스도라는 기적에 의해 사람들과 세상이 변하고 새로워지게 하고 이 땅 위에 하나님의 뜻이 구현되도록 부름 받은 거룩하고 특별한 사람들이다.

"나는 선교를 통전적으로 믿고 가르치고 있다. 다만 모든 사역은 최선을 다해 예수 그리스도를 증거하는 목표와 의도와 차원과 열정이 있어야 한다는 것을 명심해야 한다. 예수 그리스도가 살아 역사하는 선교만이 초기 교회와 같이 세상을 뒤흔들어 바꿀 수 있는 천국 차원의 혁명적 선교가 가능하기 때문이다. 인간의 선교는 그 신학이나 제도나 방식이 아무리 좋아도 기적을 창출할 수가 없다. 경이로운 구원의 사건들을 발생 시킬 수가 없다. 우리의 몸을 불살라 내놓아도 그것만으로는 한 사람도 구원하지 못한다. 구원은 하나님께만 있다. 예수 그리스도를 통해 구원과 기적의 새 역사가 일어나는 것이다."

여러 해 전에 미국 프로야구 팀의 건장해 보였던 투수가 호텔에서 변사체로 발견된 일이 있었다. 심장마비로 자다가 세상을 떠난 것이다. 보쉬의 말대로 예수 그리스도를 증거하는 것이 선교의 심장이라면 예수 그리스도가 중심이 아닌 선교와 교회는 결국 심장이 멈출 것이다. 선교는 하나님의 사역이기 때문에 결과는 하나님께 맡기고 우리는 통전적인 선교의 다양한 사역을 예수 그리스도를 중심 삼고 성령의 능력으로 수행해야 한다. 급변하고 불확실한 일들이 많은 세상에서 사람들을 구원하고 하나님의 나라를 세워나가는 길과 진리와 생명은 어제나 오늘이나 내일도 동일하신 우리의 구주이시며 왕이신 예수 그리스도뿐이기 때문이다.

이 주장이 헬라적인 사람들에게는 어리석고 유대적인 사람들에게는 거리끼는 것일지라도 그 진리가 사람과 세상을 구하시는 하나님의 능력이며 지혜인 것이다. 우리가 주 예수 그리스도를 주목하며 보아야 한다(눅4:20). 우리의 바른 선교를 위해 예수 그리스도를 보아야 한다(요 19:5). 그리스도교의 그리스도화, 교인들의 그리스도인화, 그리고 선교의 예수화가 우리 선교의 기초라 믿는다.

그것이 우리 선교 방식의 핵심이다. 이 같은 예수 그리스도와 복음을 부끄러워하지 않는 선교의 회복이 21세기 선교의 시급하고 우선적인 과제라 확신한다. 오늘 내 말의 핵심은 한 마디로 우리 선교가 "예수님께로 돌아가자*Back to Jesus!*" 는 간청이다.*

부록 2

내가 본 베트남

케이준 | 현 동남아시아 선교사

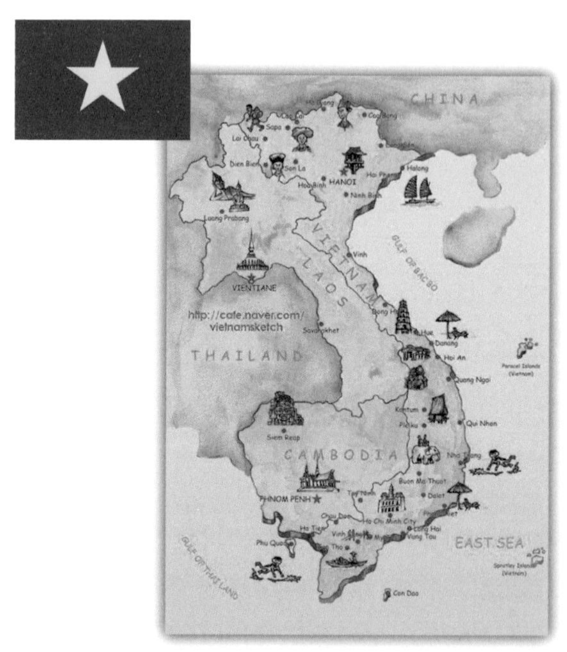

베트남 사회주의 공화국 - 건립: 1945년 9월 2일

케이준 선생님은 베트남에서 몇 년을 살면서 경험했던 문화를 이렇게 정리해 놓았다.

⚜ **공동체 사회** – 함께 죽는 것이 혼자 사는 것보다 낫다. 태어나서 죽을 때까지 한 공동체, 혹은 몇몇 공동체 속에서 산다. 개인의 이익보다 공동체의 이익을 우선한다, 서열과 명예를 존중한다.

⚜ **평균주의** – 똑 같이 못하는 것이 몇몇이 잘 하는 것보다 낫다. 공동체에서 다른 사람보다 앞서가는 것을 모두의 안정을 위협하는 것으로 간주.

⚜ **상부상조** – 두레, 향약. 어려운 사람을 보면 돕는다. – 다른 집에서 일해주고 돈을 안 받는 경우, 길을 물으면 목적지까지 안내. 덕을 쌓는 것이 자손에게 복을 주는 일이라고 믿는다.

⚜ **정** – 백 가지 이치도 작은 정만 못하다. 서로 안정된 관계 중시, 다툼이 있을 때 이치를 따지기 보다 정감(*Tinh cam*) 있는 대화를 통해 해결, 이치와 법률보다 정감과 관습에 의해 문제를 해결하는 습관 때문에 법률에 기초한 사회 질서에 익숙하지 않다. 개인의 재능과 창의성도 정감 관계를 수반하지 않는다면 발전할 수 없다. 부자의 정, 모자의 정, 남녀의 정, 부부의 정, 형제의 정, 친척의 정, 마을의 정, 사제의 정, 친구의 정, 고향의 정 등 정의 세계에 사는 베트남인.

⚜ **배려** – 화합, 안정, 정을 중시함. 모두가 만족하는 해결을 원하기 때문에 결정을 내리기 전에 오랫동안 생각하고 주저한다. 결단성이

부족하다는 평을 들을 수 있다. 초대에 즉시 응하기보다 두세 번 초대해 주기를 기다린다. 일상의 교제에서 자신의 의도가 무엇인지 분명히 드러나지 않는다 행동을 통해서 상대방이 문제를 알아차리게 한다. 반띤(탐색) – 자신의 의견이 상대방의 귀에 들어갈 수 있도록 제3자를 통해 전달한다. 살펴보고 순조로운 반응일 것 같으면 직접 대면하고 좋지 않은 반응이면 다른 방식으로 자신의 의견을 조정하거나 아니면 결정적인 단계로 나아가기도 한다. 상대방의 마음을 상하지 않도록 노력한다. 미안하면 웃는데 그것은 오해의 가능성이 높다.

⚜ **방문** – 집 방문을 즐김. 집을 방문하는 것은 존중의 표시. 대소사에 사택 방문이 중요. 선물 문화 ? 선물은 관심의 표현이며 귀한 정감의 표현이다. 부정부패의 온상이 될 여지가 있다.

⚜ **손님 접대** – 인물과 손재주가 아무리 잘난 여성이라도 손님의 마음을 상하게 하면 부덕한 여인이다. 손님을 위해서 가장 좋은 방을 주고 자기들은 응접실이나 혹은 남의 집에 가서 자기도 한다. 손님을 위해서 모든 편의와 맛있는(최고의, 자신의 경제력 이상의) 음식을 준비한다. 명예와 체면을 중시.

⚜ **토지 숭배** – 인간은 토지의 꽃이다.

토지는 생존을 위한 식량 공급원이기 때문에 가장 귀하게 여긴다. 외침을 물리칠 수 있었던 비결이 아니었나 생각된다.

⚜ **여성 중시** – 품성이 미를 이긴다.

여성과 어머니는 땅과 벼, 즉 삶의 근원으로 간주된다. 여성의 아름다움은 도덕적인 아름다움으로서 여성은 가정 내에서 안정을 유지하고 가장 오랫동안 인본의 가치를 보존하는 사람이다.

⚜ **문학과 예술 사랑** – 과학적 기질보다 예술적 기질을 갖고 있다. 실학보다 문학을 더 좋아한다.

이상에서 보듯이 베트남은 한국과 정서가 비슷하고 문화적 거리가 짧기 때문에 가까운 이웃이 되기가 쉬운 나라이다. (케이준 글)

후에왕국 궁전 내부

배는 중요한 교통 수단

주요 산업인 수산업

아름다운 자연

부록 3

베트남의 이야기들

OMF International / OMF Kr. 번역

1. 베트남 개관

베트남은 크기가 이탈리아와 비슷하고 8천5백만 인구가 있다. 건조한 겨울과 습한 여름이 있는 아열대 기후이다. 다수인 비엣 킨(Viet Kinh) 민족은 전체의 88%를 차지하고, 정부가 승인하는 53개 소수민족들이 나머지를 차지한다. 인구의 약 33%가 14세 이하이다.

1천년 동안 베트남 북부는 중국에 속한 성(省)이었으며, 이 때문에 상당한 중국 문화가 베트남 생활의 핵심 부분으로 남아 있다. 중국이 지배한 후에 왕조적 리더십이 세워지고 항상 변경되는 국경선이 세워졌다. 나라가 망한 후에 봉건 군주가 광활한 쌀 경작지를 지배했다.

19세기 말, 프랑스인들이 와서 섭정 정치를 펼쳤지만 반식민주의 감정이 생겼다. 그리하여 1930년에 호치민이 인도차이나 공산당을 설립했다. 프랑스의 통제를 전복시키기 위하여 호치민은 첫 번째 인도차이나 전쟁을 벌여 베트남(the viet Minh)의 독립 투쟁을 주도하였다.

1954년 전쟁이 끝난 뒤 베트남은 북위 17도선에서 남북으로 나뉘었다. 공산주의 베트민 (Viet Minh, 베트남 독립 동맹군)이 북쪽을, 프랑스가 남쪽을 지배하게 되었다.

1963년에 다시 갈등이 시작되었는데, 이번에는 미국 군대가 남쪽의 반공산주의 정부를 지원하기 위해서 왔다. 그 전쟁은 북쪽 군대가 사이공을 점령한 1975년까지 장기화 되었다. 결국 북쪽의 주도로 남쪽과 통일되어 베트남 사회주의 공화국이 형성되었다.

베트남은 이웃나라와 갈등을 많이 일으켜 왔다. 비로소 1990년대가 되어 캄보디아와 평화 협약을 맺고, 직후에 중국과의 외교 관계도 정상화 하였다. 미국은 1994년에 통상 금지령을 해제하였다. 오늘 날 베트남은 동남아시아 국가 연합의 활발한 멤버이다. 그리고 2007년에 세계 무역 기구(WTO)의 회원이 되었다. 베트남은 빠르게 성장하고 있고, 인구의 60%가 강력한 노동력을 지닌 30세 이하이다.

2. 어려움에도 불구하고

행은 항상 교회에 규칙적으로 출석하고 있다. 시간이 흐르면서 직업을 내려 놓고 전임 사역에 헌신하라는 부르심을 받았다. 그녀는 자신의 동네에 있는 사람들을 찾아 다니며 누구에게나 복음을 전해서 몇 사람이 주님께로 돌아왔다. 교회는 그들이 참석하기에는 너무 멀어서 성경 공부를 위한 정기적인 소그룹 모임이 행의 집에서 시작되었다. 숫자가 많아짐에 따라서 행은, 교회 장로님에게 협력을 요청했고 함께 주일 예배를 드리기 시작했다. 현재 약 80명의 회중이 행의 옆집에 있는 다목적 건물에서 모이고 있다.

손은 그의 가족과 함께 호치민의 가난한 교외 지역에서 살고 있다. 그들 이웃 대부분은 오랜 시간 동안 반복적이고 수동적인 작업을 하는 공장 노동자들이다. 임금은 공장 노동자가 한 달에 70불 정도로 매우 낮다. 이들 중 대부분은 다른 공장 노동자들과 비좁고 열악한 시설에서 함께 숙식한다. 대부분의 노동자들 지역이 그렇듯이, 손이 사는 곳에는 교회가 없다.

그렇지만 손은 기독교인이고 주변 사람들과 하나님의 사랑을 나누고 싶은 열정이 있다. 그래서 그는 성경 훈련을 이수하였고 그의 이웃들과 친분을 쌓기 시작했다. 한 여인이 신자가 되었고 곧 그녀의 친구 몇 명이 예수님에 대해서 듣게 되었다. 이제 한 소그룹이 손의 집에서 모임을 갖고 있다. 호치민 시의 복음주의 교회는 5년 내에 각 교회에서 새로운 교회를 짓는 비전을 세웠다.

기도제목

- 베트남의 많은 신자들이 더 많은 교회를 개척하려는 비전을 세우고 불신자들을 전도하기 시작한 것으로 인해 하나님을 찬양합시다.
- 복음을 전하기 위해 다른 지역으로 가려는 용감한 신자들을 위해서
- 고향에 돌아가 개척 교회를 짓기 위해 도시에서 복음을 듣는 베트남인들을 위해서

3. 녹색 전파

시골 베트남의 깊은 산 속에 작은 목조주택으로부터 라디오 전파가 활기차게 흘러나온다. 흐몽 가정의 집에서 작은 단파 라디오는 가족 제단 위 벽에 걸려 있다. 놀랍게도 흐몽어 라디오 방송이었다. 다른 프로그램은 모두 베트남어로 방송이 되는데 비해 진행자는 천지 창조와 흐몽족에 대해서 말하고 있었다. 한 여인이 나와서 흐몽 스타일로

창조자 하나님에 관한 노래를 불렀다. 매일 흐몽 프로그램이 방송 되었고, 흐몽 가족은 영들의 기원과 인류의 죄들 그리고 희생의 필요와 흐몽족을 구속할 약속된 구원자에 관해 말하는 방송을 들었다.

기독교 라디오 프로그램들은 베트남에서 영향력이 엄청났으며, 그 범위도 주목할 만하게 넓어졌다. 동남 아시아에 흩어져 있는 많은 흐몽 족들이 라디오를 통해 처음으로 복음에 대해서 듣고 있다. 헌신된 흐몽족 기독교인들과 서구 선교사들이 녹음을 하고 있고 몇 개의 흐몽어 방언으로 만들어서 복음 프로그램을 방송하고 있다. 진실되고 재미 있는 형식을 찾으려고 노력하면서, 그들은 현지인 스피커, 전통적인 이야기 형식과 인기 있는 발라드 형식을 잘 활용하여 성경의 진리와 연관되도록 방송한다. 이 라디오 사역은 아시아에서 전도하기 어려웠던 흐몽족에게 복음을 전하고 가르치고 제자 삼는데 크게 기여하였다. 방송은 베트남에 있는 화이트, 블루, 그리고 가장 최근에 블랙 흐몽족 가운데 교회 개척을 촉진시키고 힘을 불어넣었다. 아직 더 많은 부족들이 그들의 모국어로 복음을 들어야 하고 라디오 프로그램이 그 남은 부족들을 전도할 때도 유용한 도구로 쓰일 것을 기대한다.

기도제목

- 흐몽 라디오 방송을 개발하기 위해 많은 어려움을 견디어 온 수 많은 사람들로 인해 주님께 감사
- 난생 처음으로 복음을 들음에 따라 생기는 수 천 명의 흐몽족 새신자들과 수 백 개의 새로운 교회들을 위해서

• 흐몽족 뿐 아니라 다른 소수민족 그룹들을 위해서도 성경과 다른 서적들을 더 쉽게 얻을 수 있도록

4, 저는 누구랑 결혼해야 되나요?

밤이 늦었는데 전화벨이 울렸다. 투이안의 부모님은 미국 남자 두 명이 다음 날 자기 집을 방문하도록 허락했고, 투이안은 우리에게 그 중에서 자기가 결혼할 남자를 선택하는 것을 도와달라는 것이었다.

그녀는 흥분된 상태였다. 만약 그 둘 중 한 명과 결혼하면 미국으로 데려갈 것이었다. 첫 5년 동안 투이안은 일하여 번 돈을 전부 남편에게 줄 것이다. 그런 다음에는 이혼할 것이다. 미국에서 시민권을 가지고 일하면 베트남의 가족을 부양하기에 충분한 돈을 벌 수 있기 때문이다. 투이안이나 부모님은 이렇게 팔려가는 것에 대해서 전혀 제고의 여지를 두지 않는다. 이러한 계약으로 빚을 청산할 수 있기 때문에, 이런 결혼을 수치스럽게 여기지 않는다. 심지어 기독교인 여자들까지도 비슷한 이유로 외국인 남편을 찾기 위해 인터넷 사이트를 찾는다. 타오의 가족은 가난했다. 30대 초인 그녀는 결혼을 해야만 하는 상황으로 가는 듯하다. 자신의 프로필을 인터넷 사이트에 올리고 그녀는 방문한 50대 중반의 미국인을 만났다. 타오는 영어를 잘 못해서 의사소통이 안 되었지만, 그가 큰 다이아몬드 반지를 보여주었을

때 마음에 결심을 했다. 그녀는 수 년 동안 교회에 나갔기 때문에 하나님이 이런 기회를 주셔서 자신의 가족을 부양할 돈을 벌 수 있게 되었다고 믿는다.

기도제목

- 베트남 기독교인들이 물질주의를 거부하고 그들의 관계 결정에 있어서 하나님의 뜻을 구하도록
- 기독교인 여성들이 현명한 결정을 내려서 진정으로 주 안에서 믿음을 나눌 수 있는 신자들과 결혼할 수 있도록
- 도시에는 기독교인 남자보다 기독교인 여성들이 더 많은데, 그들이 어려운 선택에 직면할 때 함께 해 주시기를

5. 낙태

후엔은 남자 친구 덕과 데이트를 한 지 몇 달이 안 되어 임신한 것을 알게 되었다. 후엔은 덕을 사랑하지 않았고 그가 좋은 남편이 되지 못할 것을 알았다. 그렇지만 베트남에서는 혼외의 아이를 갖는 것은 용납되지 않는다. 만약 그녀의 부모와 이웃들이 이 사실을 안다면 그녀는 추방 당하고 가족들은 핍박을 받을 것이다.

베트남은 세계에서 세 번째로 높은 낙태율을 가진 나라이다. 매년 120만 명이 낙태를 하고, 어떤 여자들은 8번이나 낙태를 하는 경우도 있다. 피임이 어려운데다가 낙태가 합법적이어서 어느 나이에나

자유롭게 행해질 수 있다. 아직까지 베트남에서는 성과 성적인 건강에 대해서 이야기하는 것을 금기시 한다. 새로운 정부가 젊은이들에게 안전한 성 관계와 성 관계를 통해 전염되는 질병에 대해서 교육을 시켰지만, 원치 않는 임신은 아무 생각 없이 낙태로 이어지고 여성의 건강과 정신적 행복에 전혀 지장이 없다고 여긴다.

후엔은 다른 베트남 여성들이 하는 것처럼 따라 하려고 했지만, 생각하면 할수록 그렇게 못하겠다는 결론을 내렸다; 그녀는 항상 가족이 있었으면 하고 바랬다. 며칠 후에 후엔은 덕과 결혼하기로 하고 결혼식을 준비하기 시작했다. 결혼식 한 달 전까지는 모든 일이 잘 되어가는 것처럼 보였다. 그러나 다른 여자를 만나기 시작했던 덕은 후엔에게 결혼하고 싶지 않다고 말했다. 후엔은 두려웠고 아기 때문에 이 모든 문제가 생겼다고 불평을 하면서 극단의 선택, 낙태를 했다.

기도제목

- 낙태의 부담과 죄책감을 가지고 있는 사람들이 예수님의 이름으로 치유되고 자유케 되도록
- 낙태와 같이 사회가 금기시 여기는 주제에 대해서 교회가 민감하고도 온유한 방식으로 하나님의 원리를 가르칠 수 있도록
- 임산부들을 위해서 사회적 지원뿐만 아니라 상담을 제공하는 기독교 소그룹들을 위해서

6. 고아들

탐은 가난한 시골 출신이다. 그의 부모님에게는 7명의 아들과 딸이 있고, 탐도 먹여 살려야 하는 많은 식구들 중 한 명이었다. 그래서 그의 부모는 그를 고아원에 보냈다. 고아원에 있는 동안 탐은 예수님에 관해 듣고 복음을 기쁘게 받아들였다. 그러나 만나는 사람들과 그리스도에 관해 나누지 못하는 것이 힘들었다. 이제 탐은 졸업해서 도시에 있는 대학으로 진학했고 신앙은 더 굳건해졌다.

탐을 보듯이 베트남은 아주 살기 힘든 곳이다. 삶의 무거운 짐이 양육이나 가정 그리고 삶 자체를 파괴하고, 아무도 돌보지 않는 많은 어린이들이 버려진다.

생존과 배고픔과 매일을 절망을 다루는 방법을 찾는 일이 삶에서 문제가 되었다. 수세기 동안 베트남은 거리의 아이들과 고아들을 돌보기 위해 투쟁을 해 왔다. 정부 프로그램이 있지만, 하루에 30센트밖에 안 되는 적은 보수이다. 국가가 운영하는 고아원은 버려진 아이로 넘치는데, 대부분 기형이거나 병이 있거나 에이즈에 걸려 있는 아이들이다. 미국에 국제적으로 입양하는 원조가 부패의 위험 때문에 정지된 상태이다. 이런 아이들을 돌보는 데는 많은 위험이 따르고 그들과 복음을 나누는 것도 어렵다. 특히 '외국 종교'에 대해 극도로 의심하고 적대적인 나라에서는 더욱 그렇다.

기도제목

- 고아들이 복음을 들을 기회를 갖고 하나님이 그들의 진정한 아버지임을 알게 되도록
- 자기 스스로 돈을 벌고, 새로운 관계를 맺어야 하는 도전에 직면하며 고아원을 떠나는 청년들을 위해서
- 베트남 안에 있는 기독교 고아원의 긴급한 필요를 위해서; 적절한 직원, 재정적 공급, 지역 관료들과 좋은 관계를 위해서.

7. 시골에서의 삶

마이와 그의 아내는 베트남 중부의 작은 마을에서 산다. 그들에겐 세 명의 자녀가 있다. 마이의 부인은 쌀국수와 죽을 팔아서 가족을 부양하며 노모의 약을 구입할 돈을 번다. 두 딸은 건설 현장에서 음료를 팔아서 자신들의 학비를 벌지만 마이는 아들의 학비를 마련하기 위해 매달 백만 동 (6만원)을 벌어야 한다.

학비의 절반을 대출 받을 수 있지만, 그 나머시를 벌기 위해 마이는 떠돌아다니며 일한다. 비록 마이는 장애인이지만 베트남 중부의 시장을 바퀴가 달린 손수레를 타고 다닌다. 일주일 간 떠돌아다니며 2~30만 동을 번다. "모든 것이 내 아들을 위해서예요. 저는 아이들이 저처럼 어렵게 사는 것을 원하지 않아요."

베트남의 많은 사람들은 아직 소작농으로 산다. 시골 지역은 경제적 변화의 빠른 속도에 아주 많이 뒤쳐져 있다. 십 년 차이만 나도 세대 차이가 나고, 계급 구조는 공산주의 사회의 평등 구조로 전환되고 있다. 이러한 세대와 경제적 격차는 교회에서도 분명하게 나타난다. 대부분의 복음적 기독교인들은 가난한 부류에 속한다. 심지어 정부도 개신교를 가난한 사람들의 종교로 간주한다. 어떻게 교회가 점점 더 다양해지는 사회 속에서 효과적으로 복음을 전할 수 있겠는가?

기도제목

- 시골 가정들이 생계를 위한 수입과 지출에 균형을 잘 이룰 수 있도록
- 부, 교육, 기회에서 소외 당한 사람들을 위해서
- 교육비를 감당할 수 없는 청년 학생들을 위해서
- 보통 베트남 사람, 특히 시골에 사는 사람들의 삶의 조건들을 향상 시킬 수 있는 지도자를 통해 정의롭고 지혜로운 정부가 설립되도록

8. 그들의 꿈을 넘어서

트렁은 자기 딸이 외국 대학교에 합격하자 자랑스럽게 손을 흔들었다. 그는 딸이 호주에 있는 대학에 가서 공부할 수 있도록 30년 동안 저축을 해 왔다. 저축한 돈은 딸이 공부할 4년 기간 중 절반 기간 동안 다닐 수 있는 학비이다. 그는 딸이 파트 타임으로 일하면서 나머지

학비를 벌기 바란다. 최악의 경우, 트렁은 자기 집을 팔아서라도 딸의 밝은 미래를 위해 희생을 치를 각오가 되어 있다.

베트남에서 봉급, 교육, 사업, 그리고 외국 투자가 모두 치솟듯이 올랐다. 베트남 인구의 약 70%가 35세 이하이다. 10년 전에는 상상하기 어려웠던 새로운 세대를 위한 기회들이 있다. 과거에 해외로 나갔던 많은 사람들이 새로운 개방과 번영을 바라보며 더 넓은 안목을 가지고 다시 돌아 오고 있다. 번영은 물질주의에 의해서 부유해진 새로운 계층의 베트남 사람들을 창조하고 있다. 지난 해에 베트남 핸드폰 사용자의 숫자가 2천만 명을 넘었다.

젊은 베트남 사람들에게는 어떤 것이든 가능하며 교육이 그 핵심 열쇠이다. 심지어 5살짜리 어린이도 수업을 연장하고 과외 수업과 숙제를 학교에서 하고 있다. 기독교인 십대들에게는 성공하려는 압력이 자신의 믿음을 희생하도록 강요 받기도 한다. 여러 가지 변화에도 불구하고, 베트남은 세계에서 가장 가난한 나라 중의 하나이고 공산정권이 문자 메시지와 전화를 도청하고 감시한다.

기도제목

- 학생들과 청년 사역을 하고 있는 단체들을 위해서. 젊은 기독교인 청년들이 자신들의 우선 순위를 지혜롭게 결정하도록
- 개방과 기회가 점점 더 많아지는 이 시기에 베트남의 평화를 위해서
- 자신들의 부모 세대들이 꿈만 꾸어왔던 물질적인 풍요로움을 체험하고 있는 베트남의 젊은 청년들이 부흥할 수 있도록

9. 무엇으로 사업에 성공하는가?

판은 대학에서 비즈니스를 공부하고 있었다. 그는 좋은 직업을 얻으려면 영어 실력을 향상시켜야 한다는 것을 알았다. 그래서 판은 대학 캠퍼스 주변의 영어 클럽에 가입했다. 그 클럽은 기독교인들이 운영하고 있었다. 어느 날, 판이 영어 클럽 친구에게 대학 영어 말하기 대회에 참가하기 위해서 도움을 요청했다. 판은 사업의 성공 방법에 대해서 말하기로 했는데, 친구는 그가 아주 완벽한 예화를 들었다고 했다.

베트남의 급격한 경제 성장은 많은 신생 사업들이 발전하도록 만들었다. 번영하고자 하는 많은 청년 기업가들이 역동적인 세대로 발전하고 있다. 판과 같이 대학의 50% 학생들이 경영이나 경제학 과목을 수강한다. 하지만 어떤 가치들이 그들의 신생 직업을 이끌고 있는가?

영어와 베트남어로 된 성경을 이용해서, 판과 그의 친구는 고린도전서 12장을 펴고 머리이신 그리스도와 많은 부분으로 구성된 몸에 대해서 공부했다. 각 부분이 중요하며 각기 자신만의 독특한 역할을 한다. "어떤 회사에서나 똑 같은 원리가 적용되지요," 친구가 설명을 했다. "회사에 있는 사람들이 모두 회계를 담당하고 싶어한다고 상상해 보세요. 누가 광고를 하지요? 누가 제품을 만들거나 판매를 하지요?"

그 다음 주에, 판은 무대에 올라가서 연설을 했다. 그는 2등 상을 받았다! 하지만 그것보다 더 좋은 소식은 한 씨앗이 판의 마음이 심겨졌다는 사실이었다. "일들을 가장 잘 처리하는 방법을 아는 예수라는 인물을 도대체 누구인가?"

〈자료; 크리스토퍼 런켈 '베트남의 교육제도' (2010.7.25)〉

기도제목

- 기독교인들이 깊은 우정 관계를 맺고 그들의 친구들에게 빛과 소금이 되기 위해 모든 기회를 잘 활용하도록
- 기독교인들이 하나님의 영광과 복음의 진리가 우러나는 삶을 살 수 있도록 주님이 도와주시도록
- 특별한 방식으로 복음에 접촉될 판과 같은 사람들을 위해서

베트남에서 온 편지

홈스쿨하는 저희 가정은 한국에서 책을 자주 받아 봅니다. 인편으로 안 되는 경우는 어쩔 수 없이 EMS를 이용 합니다. 그런데 한번은 깜빡 신앙도서와 같이 부치고 말았습니다. 소포는 3일이면 오는 것인데 일주일이 다 되서야 종이쪽지 한 장이 날아왔습니다. 문화부에 가서 책의 수입 허가서를 받아 다시 부치라는 것이었습니다. 지방이라 더 복잡했을지도 모르지만 지방 문화부에서도 서류를 어떻게 해야 할 줄 몰라 다시 전화로 수 분 간 중앙과 통화를 한 후에야 겨우 서류를 접수해 주었습니다. 그래서 끝내 한 달 만에 받아보았습니다. 그 다음 번도 책이 10권이 넘는다는 이유로 다시금 문화부에 가서 서류를 작성하고 수입 허가에 대한 세금을 내고 책을 받을 때 또 EMS 책정 세금을 내고 이중과세를 하고서야 받을 수 있었습니다.

그러나 이런 지방과는 달리 최근에 호치민 지역에서는 신앙서적 15권을 소포로 아무 문제없이 받았다고 합니다. 또 매달 오는 교계 신문들은 검열에 들어가 종종 포장이 찢긴 후 다시 포장되어 배달되어집니다.

최근에 소수부족 관련 사역으로 중부에서 사역하던 두 가정이 더 이상 비자 발급이 되지 않아 인근 국가로 사역지를 옮겼습니다. 한 가정은 사업을 하고 있었는데 밖으로는 사업문제로 추방된 것같이 말하였지만 실제로는 소수 부족 교회 설립 문제로 자주 소수 부족 지방을 신고 없이 들어가는 것이 문제가 되었고, 한 가정은 그 가정과 동역하는 가정이었는데 아무 말 없이 비자 연장을 해주지 않아 계속해서 비자 시도를 하다가 마지막에는 여권에 비자발급이 더 이상 되지 않는다는 스탬프가 찍혀서 되돌아 왔다고 합니다.

그리고 몇 달 전에 중부지방의 해변에서 전도지를 들고 직접 나눠주다 잡힌 한국청년은 여권을 뺏긴 채 생활하다 1000달러의 벌금을 내고 귀국했습니다. 외부적으로는 활짝 열린 것 같지만 여전히 굳게 닫혀 있는 것을 봅니다. 여러 가지 닫힌 상황들이 속상하기도 하지만 이렇기 때문에 우리가 여기에 더욱 머물러야하는 것이라는 생각이 듭니다.

글 베트남 거주 선교사

부록 4

베트남 방문기: 2판에 붙여

최태희 / 로뎀북스 대표

☙ 베트남과 인연이 있게 되리라고 생각한 적은 없었다. 그런데 2012년 존경하는 선생님께서 베트남의 기독교 역사를 개괄한 책을 번역해 줄 테니 출판하겠느냐고 물어오셨다. OMF의 사역지 중 아직 소개되지 않은 나라이어서 관심은 있었지만 더 크고 좋은, 홍보도 더 잘 되고 더 많은 사람들에게 보급될 수 있는 출판사에서 하시는 것이 더 나을 것 같아 그렇게 권해 드렸다.

그런데 어떻든 결과적으로 로뎀북스에서 그 책을 내게 되었는데 선교에 관심 있는 분들에게 꼭 한 번 소개할만한 책으로 인정이 되었나 보다. 그래서 과거로부터 시작되어 현재로 이어지는 베트남의 기독교 역사뿐만이 아니라, 이번 두 번 째 판에서는 미래 지향적인 내용도 더 담아 베트남이라는 나라에 대해 더 이해하고, 앞으로의 협력에 대한 생각도 더 깊게 할 수 있도록 돕고 싶었다. 세계의 공장이었던 중국에 뒤이어 눈부신 발전의 다음 주자로 떠오르고 있는 나라의 생활과 사

이 다리 건너면 라오스

고방식을 비롯해서 아름다운 풍경과 문화의 매력을 조금이나마 소개하고 싶었다. 그래서 베트남을 향하는 비행기를 탔다.

베트남 항공사 비행기 안의 모니터에서는 단조로 구슬프게 이어지는 음악이 흘러나왔다. 말은 알아듣지 못했지만 화면에 나오는 장면들을 단어로 적어보았다. 바다, 배, 요트, 해수욕장, 행글라이딩, 파라슈트, 섬, 관광선, 맑은 바다 속의 아름다운 산호들, 우리보다 층이 훨씬 더 많은 사원의 고탑, 짐승, 새, 물고기들 새겨진 돌 장식들, 열대 우림, 기이한 암석, 연꽃, 연못, 산 개울물, 나이아가라와 절대적으로 비교되는 작은 폭포들, 오토바이, 모내기, 푸르른 논, 꽃 봉오리, 꽃꽃 들… 할아버지 예술가 한 분이 풀잎으로 감탄이 저절로 나오는 작품을 만드는 모습도 있었다. 자연이 아름답고 예술이 있는 나라라는 첫 인상은 관광지의 갤러리에서뿐 아니라 시내 호텔 앞 광장의 조각물, 시골 집에 놓인 의자들을 보면서 지속적으로 유지되었다.

짧은 시간 동안 의도했던 목적을 이룰 수 있을까, 막연히 조금은 불안한 마음으로 여정을 시작했지만 여호와 이레의 하나님이셨나. 여러 가지로 부족하고 본국과 달리 긴장하며 살 수 밖에 없는 환경에서도 변함없이 평안한 홈을 이루어 방문객들을 따뜻하게 맞아주시던 선생님들과 사모님들이 이곳 저곳에 계셔서 연결고리가 되어 주셨다.

그리고 특히 오랜 기간을 통해서 이론적, 실제적으로 준비된 하나님의 일꾼, 케이준 선생님이 정리하여 보관하고 계신 자료는 두 자리 숫자의 기가나 되도록 그 내용이 풍성했다. 그분들은 표면상의 자유와는 달리 사실상 존재하는 극한 통제와 소리 없는 추방의 위협에 상관 없이 부인할 수 없는 축복의 근원으로 그곳에서 살고 계셨다.

베트남의 전형적인 시골 모습이라고 안내를 받은 곳은 한국의 보통 마을 이상이었다. 누추하지 않았다. 아름다운 자연이 있었고 시장에는 풍성한 채소와 수산물이 있었다. 아등바등 살지 않고 그날그날 팔

물건을 어깨에 지고 와서 팔면 되었다. 국민의 행복지수가 높다는 말이 이해가 되었다. 도덕적이고 가정을 소중히 하는 건전한 사회로 보였다. 발전, 근대화라는 이름으로 인간에게 더 소중한 그러한 가치들이 훼손되지 않기를 기도하는 마음이었다. 신혼부부, 임산부, 어린이, 청년들이 많이 눈에 띄어 젊은 나라라는 느낌이었고, 요양 병원이 늘어가는 우리나라와 비교가 되어 부러웠다.

복잡한 행정 수도인 북부의 하노이, '생명, 약동'이라는 단어를 떠오르게 하는 번화한 경제 중심 남부의 호치민, 아담한 계획 도시 중부의 다낭은 각기 언어가 달라 한국인이 언어를 배우려면 정착할 지역에서 공부해야 한단다. 성조는 물론 단어의 의미가 다르다는 것이었다. 소수 부족 마을에는 정부가 관광지로 열어놓은 사파, 박하 등 몇 지역 외에는 외부인이 들어가려면 허가증을 받아야 한다니 베트남인의 수용성은 국내의 그러한 상황에서 생겼나보다.

크지 않은 동네에 유아원, 유치원이 학교만한 건물로 운영되고 있었다. 그 외에도 같은 동네에 자그마한 유아원이 여러 군데 있다고 하였다. 그렇지만 교육에 관한 한 매우 문턱이 높아서 외국인이 그러한 기관을 허가 받으려면 자국민에게 절대적으로 도움이 될만하다고 인정을 받을 만큼 프로필이 좋아야 하고 실력이 뛰어나야 한다. 동남아의 다른 나라들도 마찬가지라지만 논 팔아서 대학 보내던 우리나라처럼 베트남의 부모들은 자녀들의 교육을 위해서라면 있는 힘을 다한다.

중국이 공산화 이후 라오까이로 쳐들어왔지만 베트남은 물리쳤다. 그 이후 한자 교육이 폐지되었다. 중국을 좋아하지 않고, 프랑스군, 미군과 싸워 이긴 나라라는 자부심도 대단하다. 라오까이에서 짧은 다리 하나 건너면 중국이다. 우리 북한 탈북민들이 많이 넘어 오던 곳인데, 외교적 문제들이 불거져서 현재는 탈출 경로로 사용하지 못하도록 막아 놓았다.

오른쪽 큰 건물이 유치원

베트남의 중부 중심 도시 다낭으로부터 라오스 국경 너머 사반나켓을 지나 미얀마까지 동서를 가로지르는 고속도로를 만드는 중이라고 한다. 그렇게 되면 이제까지 막혀 있던 소수 부족 지역들이 뚫리게 되어 선교적 돌파가 일어나리라는 기대를 하고 있었다.

라오스와 베트남은 인도차이나의 두 공산 국가로 형제와도 같이 특별히 깊은 혈맹 관계이다. 베트남 전쟁 때 라오스는 호치민으로 전쟁 물자를 공급하는 통로 역할도하였다. 베트남은 라오스의 가장 큰 원조국이고, 라오스의 고위층은 자제들을 베트남으로 유학을 보낸다. 라오스인이 즐겨 배우는 외국어는 영어, 베트남어, 한국어이다. 한국 그리스도인들은 베트남의 그리스도인들을 격려하여 한국인이 들어가기 어려운 라오스와 소수부족 지역에 그들이 들어가 선교하도록 도우면 좋겠다는 것이 그곳 선생님의 생각이었다.

캄보디아의 프놈펜과 톤레삽 호수에 살고 있는 베트남 난민은 백만

라오까이: 이 다리 건너면 중국

명이나 되고 가난한 캄보디아 내에서도 매우 가난한 축에 속한다. 국내에서는 가난한 사람들에게 혜택이 많아서 학비가 무료이고 의료비도 면제가 되는데 베트남은 이들이 전쟁 때 탈출한 사람들이라고 그들을 돌보지 않는다. 이들 역시 베트남 그리스도인들이 감당해야 할 몫일 것이다.

잠시 다녀온 것으로 극히 부분 밖에 보지 못했지만 베트남은 우리나라처럼 전쟁의 고난을 통과하며 인내가 길러졌던 공통점도 있었고, 멀리서 생각했던 것보다 가까이 가서 보니 인적 물적 자원이 많아 가능성이 무궁무진한 대단한 나라였다. 함께 손 잡고 주의 마지막 과업을 위해서 마음을 나누며 즐겁게 나갈 수 있는 동반자라는 생각이 기뻤다.

끝으로 수 년에 걸쳐서 모으고 정리하신 자료를 기꺼이 그 나라 백성의 '갖추어짐'을 위해서 제공해 주신 선생님과 가족들께 주께서 모든 영원한 것으로 축복해 주시길 빈다. *

부록5
베트남 사람들
PHOTOGRAPHS

하노이 호아로수용소

미군포로: 미국을 이겼다는 자부심이 대단한 베트남

▲ 베사모가 주최한 한국 베트남 통일 39주년 기념. 한국 베트남 친선 교류의 밤 연회에서는 미래지향적인 관계를 이루기를 바란다는 내용의 인사말씀이 있었다(2014년, 다낭).

▼아래 왼쪽: 천 년간의 중국 지배, 2차 대전 전의 일본이 지나갔던 배경에 여전히 흐르고 있는 강 위에서 웨딩 촬영을 하고 있는 신혼 부부 (호이안, 2014년)

▼아래 오른쪽: 누에고치 하나에서 1km의 비단실을 뽑아낸다. 비단실로 수놓은 작품들은 환상적이다.

쪽 배경: 호이안 해변. 길게 이어지는 동쪽 해안에는 4,5성급 호텔이 즐비하다. 유럽의 정부기관, 기업 등에서 연수를 오기도 한다. 물이 얕고 모래가 고와서 아기들도 안전한 해수욕장이다.